धर्सैंधर्साको चक्रव्यूह

कवितासङ्ग्रह

तीर्थ श्रेष्ठ

nepa~laya

प्रकाशक : पब्लिकेसन नेपा~लय,
कालिकास्थान, काठमाडौँ
फोन : ०१-४४३९७५६
इमेल : publication@nepalaya.com.np
www.nepa-laya.com

© लेखक

संस्करण : पहिलो, सन् २०१९
१

आवरण : AMUSE Communications
आवरण तथा सम्पूर्ण रेखाचित्र : दुर्गा बराल
मुद्रक : थमसन प्रेस, भारत

ISBN : 978-9937-9320-7-3

Dharsai Dharsako Chakrabyuha Poems by Tirtha Shrestha

कविताक्रम

आमा–१

अँध्यारोले
बाटो छेकेको बेला
एक हुल जूनकिरीहरूले
मेरो हात समाएर
मलाई बाटो देखाए

मैले सोधेँ
जूनकिरीहरू
मेरा प्रिय जूनकिरीहरू
तिमीहरूलाई कसले पठाए ?
जूनकिरीहरूले
क्षितिजको समानान्तर देखिएको
उज्यालोलाई देखाए
मैले देखेँ
त्यहाँ आशीर्वादको मुद्रामा
उभिरहनुभएकी मेरी आमा

आमा–२

मनको
कुनै खोपीमा राखेर तिमीलाई
म हिँडिरहेँ
बिहान आयो
दिन आयो
साँझ आयो
चराहरू गुँडमा फर्के
गाईबस्तुहरू गोठमा फर्के
मान्छेहरू घरमा फर्के
साँझपखको घामले हिमाललाई चुम्यो
र बिदाइमा हात हल्लायो
आमा ! बल्ल मलाई तिम्रो सम्झना आयो

आमा–३

कुनै नदीको उद्गमझैँ कञ्चन
तिमीलाई छोडेर
म अथाह सागरतिर हिँडे
पहाडका खाँचहरू भएर
मैदानका समथर फाँटहरू भएर
संसारको समरमा हेलिँदै-हेलिँदै
आज थाहा पाएको छु
तिम्रो काखजस्तो
सुन्दर संसार मैले गुमाएको छु

आमा–४

आमा !
मलाई चोटहरू पनि मन पर्छन्
कहिलेकाहीँ लाग्छ
म मौन पाषाण बनूँ
समय शिल्पीका कठोर चोटहरू सहूँ
र तिमीले सोचेजस्तै छोरा बनूँ

आँखा छ
त्यसैले देख्ने मन गर्छु
आँखा छ
त्यसैले रुने मन गर्छु
आमा !
तिमी छैनौ
त्यसैले झन् तिम्रो छोरा हुने मन गर्छु

आमा
मलाई चोटहरू पनि मन पर्छन्
लाग्छ पीडाका अगणित आगोको फिलिङ्गोमा
मलाई कसैले पोलिदियोस्
म कञ्चन हुन सकूँ
आमा ! म तिमीले सोचेजस्तै भएँ
भनेर तिमीलाई छुन सकूँ

आमा–५

जब म
तिम्रो कोखमा थिएँ
सायद तिम्रो आँखामा म
काखभरिको सपना थिएँ
जब म
तिम्रो काखमा थिएँ
सायद तिम्रो आँखामा म
तिम्रो यौवनभरिको सपना थिएँ

यसरी उमेरका फाँटहरूमा
बुकुर्सी मार्दै
बैँसको सँघारमा पुगेर म फूलझैँ फुलेँ
तिमी बुढेसकालको सँघारमा पुगेर मुझ्याउँदै गयौ
तर मेरो यौवन देखेर
तिम्रो डालीडालीमा
फेरि फूलहरू फुले

म आफ्ना सपनाहरूको उडानमा कहाँ पुगेँ पुगेँ
तिमीले आफ्ना हातले भेटुन्जेल मलाई खोजिरह्यौ
तिमीले आफ्ना गोडाको सामर्थ्यले
भेटुन्जेल मलाई पछाइरह्यौ
म बैँसको वायुपङ्खी घोडा चढेर
आफ्नो सपनाको घर सजाइरहेँ

तिमी
आफ्नो सपनालाई
सपनामा छाम्दै
रातरातभर
सिरानी भिजाइरह्यौ

तिमीले छोडेर हिँडेपछि

तिमीले
गाउँ छोडेर हिँडेपछि पनि
पँधेरामा तिम्रो कुरा काट्न छोडिएन
तिम्रो नाम लिएर
अरूलाई अर्ति उपदेश छाँट्न छोडिएन
तिमीले गाउँ छोडेर हिँडेपछि पनि
हावा उस्तैगरी बहिरह्यो
घामले उस्तै गरी पहाडको काँधबाट
बिदाइको हात हल्लाइरह्यो
गोधूली साँझपख उस्तै गरी
चरनमा गएका बस्तुभाउहरू घर फर्किरहे
दिनचर्यामा केही फरक परेन
फूलले फुल्न छोडेन
जूनले चम्किन छोडेन

गाउँछेउको चौतारी भने
प्रत्येक साँझ उदास देखियो
तिमीले टेकेर गएको
गोरेटोको भने रङ फेरियो
तिमीले गाउँ छोडेर हिँडेपछि
तिम्री आमाको कपालमा तुसारो पर्‍यो
उनी उमेरभन्दा बढी बुढी देखिइन्

धर्सैधर्साको चक्रव्यूहमा बुढी आमा

आगत र अतीतको बीच
आफ्नै छायासँग भयभीत
यौटी आमा
प्रत्येक दिन आफ्नो घरको भित्तामा
यौटा धर्सो कोर्छिन्
र परदेसिएको छोराको प्रतीक्षामा
दिन काट्छिन्

धर्साहरूले घरका भित्ता भरिएका छन्
ती धर्साहरू रातमा उठ्छन्
र निदाइरहेकी बुढी आमाको
सपनामा सुटुक्क पस्छन्
ती धर्साहरू सर्प बन्छन्
र बुढी आमाका सपनाहरूलाई जथाभावी डस्छन्

दिनको उज्यालोमा पनि
ती धर्साहरू
उठ्नलाई बल गरिरहेकी
बुढी आमाको अगाडि भरोसाको लौरीझैँ
ठिङ्ग उभिन्छन्
भर खोज्दै गरेकी बुढी आमा
धर्सातिर हात तेस्र्याउँछिन्
र धर्साको भर नपाएर लड्छिन्

कहिलेकाहीँ ती धर्साहरू
अजिङ्गरझैँ लामा बन्छन्
र मुख बाएर बुढी आमालाई निल्न खोज्छन्
धर्साहरूको चक्रव्यूहमा यौटी बुढी आमा
बाँच्न खोज्दा पनि बाँच्न सकेकी छैनन्
मर्न खोज्दा पनि मर्न सकेकी छैनन्
खै कहिले आउने हो उनको अभिमन्यु
उनलाई धर्साहरूको चक्रव्यूहबाट मुक्ति दिलाउन ?

स्विटर बुनिरहेका महिलाहरू

सपनाका घरहरूझैँ
घर मिलाएर स्विटर बुनिरहेछन्
केही महिलाहरू

कोही आफ्नो प्रियको छातीको नाप अड्कल्दै छन्
कोही आफ्नो प्रियको हातको नाप अड्कल्दै
बाहुला बुनिरहेछन्

केही महिलाहरू
स्विटर बुनिरहेछन्
स्विटर गोँथलीको गुँडझैँ बुनिरहेछन्
आफ्नो जीवनको नाप भुलेर
नाथहरूको शरीरको नाप सम्झेर
केही महिलाहरू स्विटर बुनिरहेछन्

म यशोधरा

जीवनचक्रका
अनेक उपक्रममा
म तिमीसँग थिएँ सिद्धार्थ
अहिले पनि तिमीसँगै छु

रहरलाग्दो पुल भएर बाँच्ने कसैको रहरका लागि
जग भएर चुपचाप बसिदिने सायद कोही हुनुपर्छ
चेतनाको ज्योति भएर जगमगाउने कसैको रहरमा
अँध्यारोलाई आत्मसात् गरेर बाँचिदिने कोही हुनुपर्छ
सिद्धार्थ ! मेरा प्रिय सिद्धार्थ
युगयुगान्तर तिमीसँग बाँच्न पाउनुको आनन्द
मेरा लागि कहिल्यै निर्वाणभन्दा कम भएन
तिम्रो आलोकमा दुनियाँ आलोकित भैरहेको दृश्य
मेरा लागि स्वयम् प्रकाशपुञ्ज हुनुभन्दा कम भएन
दुनियाँका नजरमा यी सब के-के हुन् मलाई थाहा छैन
मेरो नजरमा मेरो जीवन प्रेममा समर्पणभन्दा कहिल्यै कम भएन

प्रेममा मरुभूमि/मरुभूमि हुन्न
प्रेममा पीडा/पीडा हुन्न
प्रेममा सबैभन्दा ठुलो कुरा
भेदका कुनै पर्खाल हुन्नन्
तुलनाका अग्लाइ र होचाइहरू हुन्नन्

सिद्धार्थ !
म अझै कैयन् जुनी
तिमीसँग जिउन चाहन्छु
तिम्रो बाटोमा दुबो भएर ओच्छिन चाहन्छु
तिम्रो प्रत्येक पैतालाको सुखद स्पर्शमा
आनन्दको महान शिखर चुम्न चाहन्छु

म यशोधरा
चुपचाप
तिमीलाई महासागर ठानेर
यौटा सानो खोल्सीझैँ
तिमीमै बिलाउन चाहन्छु

फुल्नै नपाएका फूलमायाहरू

धरतीको काखमा
ओर्लिएछन् फूलमायाहरू
आकाशका जूनहरूझैँ

फूलमायाहरू
धरतीमा झर्दै गर्दा
बिहान थियो कि रात- थाहा छैन
तिनीहरू फूलहरू हुन् कि अरु नै
थाहा पायो पाएन धरतीले- थाहा छैन
चुपचाप फूलमायाहरू
वनपाखा पुगे घाँसदाउरा गर्न
जबकि फूलप्रसादहरू
स्कुल पुगे काँधमा झोला झुन्ड्याएर
उज्यालोको खेती गर्न
फूलमायाहरू- युगौँ पुरानो दासताको जाँतोमा पेलिए
र पत्र-पत्रहरू भएर छिरलिए

कहिले तिनीहरू स्वयम्का लागि अभिशाप बने
कहिले तिनीहरू स्वयम्का लागि सन्ताप बने
तिनीहरूको पसिना मूल्यहीन बगिरह्यो
सपना देख्न प्रतिबन्धित तिनीहरूको आँखाबाट
मौन आँसुको झरना झरिरह्यो

बिचरा फूलमायाहरूले फुल्नै पाएनन्
बिचरा फूलमायाहरूले बिहान देख्नै पाएनन्
कहिले होला
बिहानको आँगनमा
फूलमायाहरू फुल्ने ?

निर्वाणको यात्रा

मध्यरात
सुटुक्क पर्दा उघारेर
आफ्नो नवजात सन्तानको
चेहरा हेर्न आएको तिमीलाई
मैले देखेकी थिएँ सिद्धार्थ !
सन्तानमोहको मोहक उज्यालो
र निर्वाण सुखको सम्भावनाबीचको स्पष्ट द्वन्द्व
एकैछिन चट्याङसरी तिम्रो चेहरामा मैले देखेकी थिएँ

तिमीले
टाढैबाट
स्पर्श नगरी
मेरो कपाल सुमसुम्यायौ
निदाएझैँ मेरो आँखामा आँखा टाँस्यौ
र टाढाबाटै तिमीले मलाई चुम्यौ
मलाई थाहा थियो
संसारको घर जोड्न
आफ्नो घर छोड्नुअघि
तिमी मौन क्षामायाचनाको मुद्रामा थियौ

दिनको उज्यालोमा आफ्नो गन्तव्यबारे
तिमीले भनेको भए पनि म तिम्रो बाटो छेक्ने थिइनँ
तिमीसँगको मेरो साथ छेक्नलाई रोक्नलाई छँदै थिएन
थाहा छैन युगौँदेखिको हाम्रो सम्बन्धमा
अविश्वास र आशङ्काको हाँगा कसरी पलायो
तिमी उज्यालोको खोजीमा हुँदा म अँध्यारोमा कसरी हुन सक्थेँ ?

तिमीलाई थाहा छैन
त्यही क्षण मेरो हृदयमा
यौटा अनन्त दीपक उज्ज्वलित भयो
यौटा कान्तिले मेरो मुहार चम्कियो
मलाई त्यही क्षण निर्वाण सुख प्राप्त भयो
तिमी त्यही सुखको खोजीमा निस्कियौ
टाढा कतै अज्ञाततिर

म पर्खिरहेकी छु

मैले सुनेकी थिएँ सिद्धार्थ
तिमी बुद्ध बनेर
भिक्षुसङ्घसहित कपिलवस्तु आउँदै छौ
ज्ञानको आलोकले प्रदीप्त
बिहानको सूर्यझैँ तिमी आउँदै छौ

व्यग्रता ममा पनि थियो
उत्सुकताको आँधीले मेरो मनलाई पनि
डोलायमान पारेको थियो
आँखाहरू दर्शनका लागि छटपटाएका थिए
खुट्टाहरू त्यसै-त्यसै गतिमान थिए

तर म तिमीलाई पर्खिरहेकी छु
तिमीले मलाई जहाँ छोडेर गएका थियौ
त्यहीँ पर्खिरहेकी छु
मैले जुनी-जुनी देखेको सपनाको साकार रूपलाई
आफ्नै साधनाको चौतारीमा पर्खिरहेकी छु
जुन सुखका लागि हजारौँ दुःख सहन म तयार भएँ
त्यो सुखलाई म आफ्नै एकान्तमा पर्खिरहेकी छु
जुन उज्यालोका लागि
सघन अन्धकारलाई अङ्कमाल गर्न म जहाँ तयार भएँ
म तिमीलाई त्यहीँ पर्खिरहेकी छु

म मेरो बिहानी घामलाई
म मेरो हृदयको झ्यालमा पर्खिरहेकी छु

यशोधरा इच्छा

सिद्धार्थ तिम्रो उज्यालो
मलाइ पर्याप्त छ
भैगो अर्को उज्यालो चाहिएन
तिम्रो मुस्कानप्रदत्त खुसी
मेरा लागि प्रशस्त छ
भैगो अरू सुख चाहिएन

तिम्रो बुद्धपथको तल ढुङ्गा भएर ओच्छिनुमा सन्तुष्ट छु म
तिम्रो आलोकमा मान्छेहरू आलोकित भएको दृश्यमा आलोकित छु म
तिमीलाई देखेर मान्छेहरू आनन्दित भएको दृश्यमा आनन्दित छु म

म जराझैँ बनूँ
र तिमीरूपी वृक्षका हाँगाहरूमा
चराहरूले गुँड लगाउन
म पुलको जगझैँ बनूँ
र तिमीरूपी पुलमा अगणित मान्छेहरू
ओहोरदोहोर गरून्

नातिनीका नाममा

जब तिमी आयौ धरतीमा
एक दिन तिमीलाई राखेँ काखमा
र आत्मीय न्यानोले सेकेँ
लाग्यो सुदूर भविष्यसम्म म फैलिएँ

मलाई
अनन्तताको एउटा यात्रामा
सामेल भएको अनुभूति भयो
कुनै बिहान
कुनै साँझ
कुनै रात
कसैले खोस्न सक्ने छैन मेरो विस्तार

मेरो अस्तित्वको एउटा अंश
अब तिमीसम्म पुगेको छ
मेरी प्रिय नातिनी
तिमी मात्र तिमी होइनौ
ग पनि हुँ
महाकालको समानान्तर
आफ्नो यात्रालाई जारी राख्ने
मेरो महत्त्वाकाङ्क्षा पनि हो

छोरीसँग

खोलाजस्तै
नित्य नवीन हुन मन पराउने
यौटा मन थियो मसँग
तिमीलाई भनेर जतनसँग राखेको छु

पहाडहरू चढेर
लेकाली फूल हेर्न मन पराउने
आँखा थियो मसँग
तिमीलाई काम लाग्ला भनेर जोगाएको छु

अजङ्गका पहाडहरू चढ्न
र तीव्रगामी वेगसहितका नदीहरू तर्न
हौसिने एक जोर खुट्टा थिए मसँग
तिमीलाई यात्रामा काम लाग्छ भनेर
मुदुसमा सम्हालेर राखेको छु

जूनतारा टिपेर धरती सजाउने
रहरसहितका एक जोर हात थिए मसँग
तिमीलाई सिङ्गो आकाश
अङ्कमाल गर्न काम लाग्ला भनेर बचाएर राखेको छु

ओ छोरी !
तिमीले देखेको क्षितिज
र अर्को गोलार्द्ध
सायद मैले देखेको छैन
धरतीको छातीमा तिमीले कोर्ने र मेट्ने अर्को रेखा
सायद मैले सोचेकै छैन

थाहा छैन
मेरा एक जोर आँखा
एक जोर खुट्टा
एक जोर हात
र कुहिन लागेको एक बटुको गिदी
तिमीलाई काम लाग्छ/लाग्दैन

काम लाग्दैन भने पनि
कतै कुनै कुनामा
मन गर्ने
हौसिने
र रहर मात्र गर्ने
पुरानो पुस्ताको अवशेष भनेर
थन्काइदिनू
बस्, थन्काइदिनू

अस्मिनाका नाममा

अस्मिना
तिम्रो निधारदेखि नाकसम्म
फैलिएर
एकअर्काको अङ्गालामा निमग्न सर्पहरू
कमसेकम ती प्रणयरत छन्

हामीहरू त
एकअर्कालाई माया गरेजस्तो गरी
चुप्पी रोपिरहेछौँ
सुमसुम्याइ पनि
आक्रमणको पूर्वतयारीजस्तो
हाँसो पनि एम्बुसजस्तो

यो अविश्वासको जङ्गलमा
जब पनि देख्छु
प्रणयरत सर्पहरू
मलाई आफू भयानकको विषधर
अनुभूत हुन्छ

(प्रशिद्ध युवा कलाकार अस्मिना रञ्जित)

वृन्दावनका बुढाबुढीहरू

लयहीनता
टाढैबाट अनुभूत हुन्छ
वसन्त रागले छोडेर
गएको पदचाप देखिन्छ
भगवत् शरणको यो अनौठो दृश्य
मानौँ उपेक्षा र तिरस्कारको यहाँ जमघट हुन्छ

भत्केको स्वरमा
रुग्ण भजन
गाइरहेछन् वृन्दावनमा बुढाबुढीहरू
म भने कृष्णको मुरली खोजिरहेछु
म भने ग्वालावाल प्रिय गोपिनीहरू खोजिरहेछु

मानौँ
कृष्ण सुटुक्क आएर
जीवन्तताको वस्त्र चोरेर लगेका छन्
र अन्त कतै लुकाएका छन्
बुढाबुढीहरू भजन गाइरहेछन्- वृन्दावनमा
लाग्छ मर्नै नसकेर मात्र बाँचिरहेछन् बुढाबुढीहरू- वृन्दावनमा

सोझी फूलमाया

थाङ्नाहरू जम्मा गरेर
पुतलीहरू बनाउँथिन्
तिनीहरूबीच विवाह पनि गराउँथिन्
कहिलेकाहीँ झगडाको नाटक पनि देखाउँथिन्
सोझी फूलमाया अङ्गालोमा

बिचरीलाई थाहा थिएन
झगडाको भयावह रूप
एकाएक ऊ खेल्ने
गाउँको चौतारीमा
विचारको यौटा वृक्ष खुकुरीले काटियो
यसका सबै पुतलीहरू रक्तरञ्जित भए
त्यस दिनदेखि
रातको अङ्गालो उसका निम्ति भएन
त्यस रातदेखि
बादलहरूबीचको उडान उसको सपना भएन

कहाँ गई गई
एकाएक सोझी तर प्रसन्न चित्त फूलमाया
आफैँभित्रको
कुनै गहिरो खाडलमा हराई

वृद्धाश्रमबाट आमाको चिठी

मेरो भागमा पर्ने
आकाशका ताराहरू तिमीलाई
मेरो पाखुरीको बलले मैले कमाएको
धरतीको सानो अंश पनि तिमीलाई
आफ्नो यौवनकालदेखि नै सम्हालेर राखेको
एक फाँको मुस्कान पनि तिमीलाई

मैले रातमा आँखा टिकाएर हेर्ने जून हौ तिमी
मैले दिनमा सबैभन्दा बढी विश्वास गर्ने घाम हौ तिमी
अहिले म तिम्रो निम्ति केही भइनँ
तिमीले टेकेको धरती हुँ म
तर म धुलो पनि भइनँ

भयो बाबु,
भाँचिएको लौरो टेकेर सूर्यास्तसम्म पुग्ने विश्वास भैगो
प्वाल परेको डुङ्गा चढेर भवसागर तर्ने भरोसा भैगो
अमूल्य मेरो मातृत्वको मूल्य नलगाऊ भैगो

यहाँ यो वृद्धाश्रममा
आफ्ना सन्ततिहरूको अभिशाप सुन्न नचाहेर
रातभर खोकिरहने आफन्तहरू छन्
विश्वासको कडी भाँचिएर
भगवत् भजनमा कान थुन्नेहरू छन् यहाँ

आँसु सुकेर मरुभूमि भएका आँखाहरू छन् यहाँ
अवरुद्ध गलाहरू छन्
आफ्नै सपनाका मलामीहरू छन् यहाँ

यहाँका मान्छेहरूलाई
मृत्युपरान्त चितामा लगेर नपोल्नू
ती यसै जलेर खाक छन्

बाबु
तिमीले मागेजति सबै दिन्छु
तर तिमीले मागे पनि
म तिमीलाई
मेरो वर्तमानजस्तो भविष्य दिन सक्दिनँ
मेरै हृदयको टुक्रालाई
म कुनै अभिशाप दिन सक्दिनँ

प्रेमको पुस्तक

तिमी थियौ
म थिएँ
हामीमाथि अनन्त आकाश थियो
र मधुर बर्सात थियो
प्राप्ति/अप्राप्तिको हिसाब थिएन
तिम्रो र मेरो कुनै किताब थिएन

एकाएक आँधी आयो
एकाएक पहाड खडा भयो
व्यवधानले टाउको उठायो
मबाट तिमी ओझेल भयौ
तिमीबाट म ओझेल भएँ
यसरी नहोस् भनेको कुराको
प्रारम्भ भयो

अहिले पनि सम्झन्छु
सिसौका बोटहरू
र नदीतटका अनन्तलाग्दा क्षणहरू

तिमी छौ
म पनि छु
हामीसँग ती दिनहरू छैनन्
तर दिनहरूभन्दा प्रीतिकर छन्
ती दिनका सम्झनाहरू
म
त्यसैको उज्यालोमा
पढिरहेछु
प्रेमको पुस्तक

तिम्रो तस्बिर

भैगो चाहिएन
मलाई तिम्रो तस्बिर
मेरो आँखामा भएको तिम्रो तस्बिरभन्दा राम्रो अर्को
कहाँ हुन सक्छ तिम्रो तस्बिर
मेरो मनमा भएको तिम्रो तस्बिरसँग बात माछु म
हाँसखेल गर्छु म
मेरो मनमा तिम्रो तस्बिर भएकै कारण
प्रतीक्षाका अनन्तलाग्दा क्षणहरूलाई छोट्याउँछु म
भैगो मलाई चाहिएन तिम्रो तस्बिर

मेरो आँखाले खिचेर
मैले मेरो हृदयमा जतनसाथ
राखेको तिम्रो तस्बिरभन्दा राम्रो
अर्को तिम्रो कुनै तस्बिर हुन सक्दैन
अरूले खिचेको तिम्रो तस्बिरसँग बात मानैं सक्दिनँ म
अरूले खिचेको तिम्रो तस्बिरबाट हात निकालेर
मलाई अङ्गालो मानैं सक्दिनौ तिमी ।

प्रणय निवेदन

कोसँग किन गरूँ म प्रणय निवेदन ?
टाढा धेरै टाढासम्म देखिन्न आफन्त आँगन

बैँसका दिनमा
नाचेका नाचका पदचिह्नहरू पनि रहेनन्
उत्ताउला जस्ता गीतका गुञ्जनहरू पनि रहेनन्
बिहानी बतासमा मायालु स्पर्श पनि रहेन
कोसँग किन गरूँ प्रणय निवेदन
सुस्तरी आएर काखमा बसिदिने अब साँझ रहेन

हावाको सानो झोक्काले नै
फरफराएर नाच्ने पातहरू देखिएनन्
सीमान्तसम्म ओठ फैलाएर
हाँस्न सकिने बातहरू सुनिएनन्
पँधेरामा पानी उस्तै छ
तर पँधेर्नीहरूको उत्साह देखिएन
कोसँग किन गरूँ प्रणय निवेदन

बिहान नभए नहोस् भन्ने अब रात रहेन

स्पर्शको अभाव

जिन्दगीको यो गोधूलीमा
हामीसँग यौटै घरको छत हुने छैन
यौटै भान्छा हुने छैन
एक आपसमा बाझिरहने भाँडाहरू जस्तै
बाझिरहने अवसर हुने छैन

सिमलको बोटमाथि
देखिएको साँझपखको जूनझैँ
तिमी हुनेछौ
बिहानीपखको बतासजस्तै
सुमधुर तिम्रो स्वर हुनेछ
र कहिलेकाहीँ निदाएको मान्छेको
कठालो समातेर झकझक्याएजस्तो
तिम्रो मादक हाँसो हुनेछ

म टाढाबाट
यौटा निश्चित दुरीबाट
यो सब हेरिरहनेछु
मसँग भने
सर्धैँ तिम्रो सुखद स्पर्शको अभाव हुनेछ

अविमोचनीय श्राप

खै कहाँ के भुल भयो
तिमीले छोडेर हिँड्यौ
त्यस दिनदेखि ममाथि यौटा श्राप पर्‍यो
हजारौँ लाखौँ अनुहारहरूमा
तिम्रो अनुहार खोज्ने बानी पर्‍यो

वर्षौँपछि
आज अनायास
तिम्रो छेउ पुगेँ
हजारौँ उत्कण्ठाका लहरहरू थिएँ म
मानौँ किनारछेउ पुगेँ
चिर प्यासी म इनारछेउ पुगेँ
तर छेउबाटै फर्केँ
लहर किनार छुँला-छुँलाझैँ गरी फर्क्यो
प्यासी पानी पिउँला-पिउँलाझैँ गरी फर्क्यो
यौटा पापी श्रापमुक्त हुँला-हुँलाझैँ गरी फर्क्यो
कतै मबाट भएको रहेछ
कुनै अक्षाम्य अपराध
काँधमा फेरि त्यही श्राप बोकेर फर्केँ
तिम्रो छेउबाट तिमीलाई स्पर्श नगरी फर्केँ

विगत स्मृति

फेरि
एकचोटि म हराउनेछु
आफैँ हिँडिसकेको बाटोमा
यसपटक
बाटो
पहिलेजस्तो
कष्टकर हुनेछैन
बाटो
यसपटक
हिँडेको बेलाजस्तो
लामो हुने छैन
बाटो
यसपटक
सिनेमाको पर्दामा झैँ छुट्टिनेछ
फेरि
एकपटक म हराउनेछु
आफैँ हिँडिसकेको बाटोमा

तिमीलाई भेट्न
मैले आँखा छल्नुपर्ने छैन आँखा नभएकाहरूको
तिम्रो केशराशिमा
आफ्नो मुहार लुकाउन
छेलिनुपर्ने छैन कुनै झ्याङहरूमा

हामी
अनवरत
प्रेमका स्मारकहरू
निर्माण गरिरहनेछौँ
अनवरत

हामीलाई
छेक्ने छैनन्
कुनै धृष्ट हातहरू

साँच्चै
म
फेरि
एकपटक आफू हिँडिसकेको
बाटो हिँडिरहेको छु
तर यो बाटो भिन्न छ

तिमी फेरि एकपटक

तिमी
फेरि एकपटक
मेरो छेउबाटै
मलाई स्पर्श नगरी गयौ
म मान्छे हुनबाट वञ्चित भएँ
उस्तै छन्- सिसौका बोटहरू
उस्तै छन्- बिहानीपखका शीतलताहरू
फरक त तिमी भयौ
फरक त म भएँ
उस्तै छन्- हाम्रा सपनाका रङहरू

पहाडको
फेदछेउको नदीमाथि
उस्तै गरी अहिले पनि लाग्छ इन्द्रेणी
तिम्रो केशराशिले
ढपक्कै मेरो मुहार नढाकिए पनि
उस्तै गरी रातको अँध्यारो चिर्दै उड्छ जूनकिरी
तर हृदयको आकाशमा भने निरन्तर आँसी लागेको छ

तिमी
फेरि एकपटक/मेरो छेउबाटै
मलाई स्पर्श नगरी गयौ
म मान्छे हुनबाट वञ्चित भएँ

प्रियासँग

तिम्रो केशराशिभित्र
आफूलाई लुकाएर
निश्चिन्त बन्न सकिनँ
मलाई क्षमा गर प्रिया

म बादलहरूझैँ उडिरहेँ
अग्ला पहाडका काँधहरूलाई म्वाइँ खाँदै
म नदीहरूझैँ बगिरहेँ
मायालु किनारहरूलाई स्पर्श गर्दै
तिमीसँग मात्रै साउती मार्न मन लागेन
म यात्रामा निस्किरहेँ
फराकिलो बन्न नसकेका गोरेटाहरूसँग बात मार्दै

म तिमीलाई नै
संसार भनेर तिम्रो अङ्गालामा मात्र
आफूलाई कस्न सकिनँ
मलाई क्षमा गर प्रिया
एक अङ्गालो मात्र मलाई पर्याप्त भएन

सम्झनाको एकादेशमा

जसरी
हिउँविनाको हिमालको कल्पना गर्न सकिन्न
त्यसरी
तिम्रो सम्झनाविनाको मेरो जीवन म सोच्न सक्किदनँ

एकादेशमा भेटिएकी तिमी
तिमीलाई थाहा छैन
मेरो सम्झनाको प्यारो भूभाग- त्यही एकादेश हो
जहाँ तिम्रो सम्झनाको सूर्योदय त हुन्छ, सूर्यास्त हुँदैन

ओ मेरो जीवनभरिको प्रेम
मानिसहरू भन्लान्- यौटा अभिशाप बोकेर बाँचेको मान्छे हुँ म
मानिसहरू भन्लान्- सम्झनाको सगरबीचको एउटा द्वीप हुँ म
मलाई थाहा छ
एकादेशमा भेटिएकी तिमीलाई
प्रतिक्षण सम्झनामा भेट्नुको आनन्द
मलाई थाहा छ
कसैको सम्झनामा आफूलाई मेट्नुको आनन्द

म सम्झिरहेछु
एकादेशमा यौटा नदीकिनार थियो
नदीकिनारमा तिमी
र तिम्रो आलोकमा उज्यालिन पुगेको म थिएँ

म
अझै आलोकित छु
तिम्रो सम्झनाको आलोकमा
धत् लाटी सायद यो तिमीले भुलेकी छ्यौ
सायद तिमीले मलाई पनि भुलेकी छ्यौ
तर म बाँचिरहेछु
तिम्रो सम्झनाको एकादेशमा

पूर्ण यौवना जून

जब पूर्ण यौवनमा पुग्छ जून
अत्तालिएर समुद्र ज्वारभाटा उठाउँछ
कति नौका र नाविक डुबाउँछ
यो त सगर र सागरको कुरा भयो
धरतीमा झन्
पूर्ण यौवना जूनहरू देखेरै डगमगाएका छन्
सम्राट्तुल्य शासकहरू
आँधीबेहरी उठेका छन् थुप्रै साम्राज्यहरूमा
र मान्छेहरूले अनुभूत गरेका छन्
शीतल जूनको
प्रचण्ड गर्मी

धेरै दिन भयो

तिमीलाई नभेटेको धेरै दिन भयो
लाग्छ- आफैँलाई नभेटेको धेरै दिन भयो

तिमीलाई नभेटेसम्म
आफू हुनुको बोध हुँदैन मलाई
तिमीलाई नदेखेसम्म
आफू हुनुको अर्थ हुँदैन मलाई
तिम्रो आँखाको ऐनामा नदेखेसम्म
आफू छु भन्ने विश्वास हुँदैन मलाई

धेरै दिन भयो- तिमीलाई नभेटेको
धेरै दिन भयो- आफूलाई नभेटेको

नभेटिए जाती भन्दाभन्दै

नभेटिए जाती भन्दाभन्दै
कुन सुन्दर टापुमा र त्यसको एकान्तमा
तिमी भेटिएकी छ्यौ

उस्तै छ्यौ तिमी
गुलाफी तिम्रो ओठ उस्तै छ
चाक्लो फराकिलो निधारमाथि
कालो गुलाफजस्तो केशराशि उस्तै छ
मोहक मुस्कान र जादुगरी उस्तै छ

नभेटिए जाती भन्दाभन्दै
कुनै सुदूर टापु र त्यसको एकान्तमा तिमी भेटिएकी छ्यौ

म
उस्तै छैन
पतझडको वृक्षजस्तो
उदास भइसकेँ
खोलाले छोडेको बगरजस्तो
निरास भइसकेँ
म तिम्रा निम्ति अयोग्य भइसकेँ
मलाई माफ गर

नभेटिए जाती भन्दाभन्दै
कुनै सुदूर टापु र त्यसको एकान्तमा
तिमी भेटिएकी हौ ।

भेट

पखेटा लागिसकेका भाइहरू
आकाशको अनन्ततामा रमाइसकेका साथीहरू
गुँडमा म एक्लो छु
नितान्त एक्लो
कुनै निर्जन टापुजस्तो एक्लो
कसैले उचाइ भेटे
कसैले गहिराइ भेटे
थाहा छैन तिनले मान्छे भेटे कि भेटेनन्

यौटा युगको प्रतीक्षापछि
मैले भनेको छु
मैले तिमीहरूको अभावमा
आफूलाई भेटेँ

बिदाइको गीत

प्रियजनहरू
म समुद्री छालले हुत्याएर
टाढा पुऱ्याएको
ढलपल नौका भएको छु
म स्वयम् एकान्त भएको छु

केही डरलाग्दा सपनाहरू छन्
प्रचण्ड वेगसँग बहँदै आएका छालहरू
निस्सासिएको छु
विगत स्मृतिहरूको घेरामा कैद छु

जानुपर्ने ठाउँ ठेगान छैन
आफैँ नाच्न सक्ने आफ्नै मनको आँगन छैन
मनभित्र कुराहरूको ताण्डव चलेको छ
मानौँ हृदयभित्र आफ्नै लास जलेको छ

प्रियजनहरू
बिदाइको गीत मनमा छ कण्ठमा छैन
सुदूर टाढासम्म कतै उज्यालो छैन

पहाड- १

लासैलासको पहाड
र पहाडमाथिको सत्ता

मेरो विश्वासको पहाडमा
पहिरो गइरहेछ
यो कुनै सूर्योदय होइन
मेरो विवेकले देखिएको दृश्यलाई
अस्वीकार गरिरहेछ

मुसुक्क हाँसेर पहिरो
पहिरोले पनि सलामी ग्रहण गर्दो रहेछ
मानौँ शोकधुनमाथि
विभत्स बलात्कार भइरहेछ

विवेक गुमाएर
स्वयम् लास बनेको छु
कुरूपताको चरमलाई सम्मान चढाएर
जीवनमा सुन्दरता खोजिरहेको लास

मेरो पहाड
बिन्ती छ
तिम्रो सुन्दर शिरमा
कुनै सत्ताको सिनो नहोस्
त्यहाँ बेला/कुबेला
गिद्धहरूको प्रतिद्वन्द्विता नहोस्

पहाड – २

भूगोलको कोढ होइन पहाड
न किंवदन्तीको कुनै मृत राक्षसको हाड

उक्लेर धरतीले
कतैबाट हेर्‍यो धरतीलाई
सायद यसरी नै बन्यो पहाड
उक्लेर धरतीले
कतैबाट चुम्न खोज्यो आकाशलाई
सायद यसरी बन्यो पहाड

त्यसैले पहाड उक्लँदा
महत्त्वाकाङ्क्षी भएर उक्लन्छन् मान्छेहरू
र जब पहाडबाट ओर्लन्छन्
आफ्नो कद थाहा पाएर
ओर्लन्छन् मान्छेहरू

आकाश चुम्न उक्लिरहनुपर्दैन पहाडहरू

तामागी

खोइ कहाँ गए आफन्तहरू
अपरिचितमाझ प्रश्न सोध्न पनि भएन
ढुङ्गा छापिएका बाटाहरूमा
आत्मीय पदचाप पनि सुनिँदैनन्
तरुनी मनजस्तै मलिलो छ माटो
त्यस्तो रूखो पनि होइन

अझै पनि घामले
हिमालमा आफ्नै रङ पोतेपछि
ब्युँझन्छ बिहान
अझै पनि घामले
हिमाललाई सुनौलो बनाएपछि
पस्छ साँझ

फेवामा तैरिएका
घामका किरणका हाँगाहरू
समातेर उक्लन्छ दिन
तर चौतारीले गाउन छोड्यो
पिँढीले आफन्त स्पर्श पाउन छोड्यो

खोइ कसलाई पर्खिरहेछ तामागी ?

पन्चासे

सत्य भन्छु
तिम्रो पोखरीको पानीको कसम
बुढ्यौलीमा पनि रातै गाला बोकेर बाँच्ने
तिम्रो गुराँसको कसम
तिम्रा सबै कसमहरूको कसम
यस्तो त हुँदैन
कहीँ पनि मन

भग्नावशेषहरूमा
अड्कल्दै इतिहासको पदचाप
शिखरहरूमा छाम्दै
अध्यात्मको सुवास
कुनै दिन तपसीहरू थिए
अलिकता आधारहरू सुकसुकाउँदै छन्
किंवदन्तीहरू गर्वमा मुस्कुराउँछन्
यतै कतै थिए भैँसीगोठहरू
गाईगोठहरू
भेँडीगोठहरू
भग्नावशेषहरू पुरानो दिनको सम्झनामा
उदासीका गीतहरू गाइरहन्छन्

ओ पन्चासे !
तिम्रो गुराँसे यौवन
किंवदन्तीहरूका कथनमा बासी हुँदैनन्
यहाँ घाम पनि तिमीलाई
साक्षी नराखी उदाउँदैन
तिमीलाई साक्षी नराखी अस्ताउँदैन
कहिले गुराँसको यौवन भएर रातै हुन्छौ तिमी
कहिले सुकोमल हिउँको पछ्यौरी ओढेर सेतै हुन्छौ तिमी
जस्तोसुकै परिधानमा पनि
जहिले पनि आफ्नै हुन्छौ तिमी

हिमशिखरहरू

धरती हुनुको उच्चताको अभिव्यक्ति भएर
ठडिएका हिमशिखरहरू चुपचाप छैनन्
ती निरन्तर यात्रारत छन्
आफ्नै कोखबाट जन्मिएका
सतत प्रवाहशील हिमनदीहरूसँग

जीवन भनेको ठडिनु मात्र होइन, निरन्तर बग्नु पनि हो
जीवन भनेको अग्लिनु मात्र होइन, निरन्तर पग्लिनु पनि हो
जीवन भनेको पहाडका काँधहरूबीचबाट सागरको अनन्त काखसम्मको
यात्रा पनि हो
ठोक्किँदै बलवान् भित्ताहरूसँग
गर्जँदै आक्रोशका गर्जनहरू
र कहिले सुललित प्रवाहमा सुरम्य देखिनु पनि हो

तिमीलाई लाग्दो हो, निर्जीव छन् हिमशिखरहरू

तर के तिमीलाई थाहा छ ?
हिमशिखरहरू तिम्रो कण्ठबाट
ओर्लेर तिम्रा नसा-नसासम्म जीवन बाँचिरहेछन्

मानवीय जीवनका सम्पूर्ण भोगाइहरूभन्दा विशाल छन्
हिमशिखरहरूका जीवन भोगाइ
खै कहिले पढ्छौ तिमी हिमशिखरका महान् गीताहरू ?

लुम्ले

यही छातीमाथि भएर
हिँडेको हो इतिहास
कथा कथ्न बसेको छ लुम्ले
गाथा बक्न थालेको छ लुम्ले

लुम्ले कान्छीबराहको आशीर्वाद थापेर शिरमा
अलिकता भय र अलिकता त्रास बाँचिरहेछ भिरमा
विकासको गीत गाउन
ओठ पनि खोलेकै हो
यतै हुँदो देशदेशावर हिँड्नेछ
सपना पनि बोलेकै हो
भनेजस्तो हुँदैन सायद जीवन
अलिकता पुराना दिनका सम्झनाहरूमा
अलिकता परदेसिएका मनका सम्झनाहरूमा
आफूलाई खोजिरहेछ लुम्ले
युगको नयाँ तराजुमा
आफूलाई जोखिरहेछ लुम्ले

पहाडमा

अचेल
पहाडमा
बस्ती खोज्न गएको बाटो
हिँड्दाहिँड्दै हराउँछ
कुवा
पानी खाने मान्छे नपाएर
अतृप्त छ
चौतारीको बुढो रूख
आफैँसँग डराउँछ

वल्लो घर र पल्लो घरको
बोलचाल हराएको छ
कि मौन शिविरमा छन् तिनीहरू
अगेनामा आगो बल्दैन
बस्तुभाउहरूसँग गाउँमा साँझ पस्दैन
के भएको छ पहाडमा
सम्चार सायद कहीँ पुग्दैन
पहाडमा गाउँहरू निदाउन थालेका छन्
र अचेल पहाडमा बिहान ब्युँझँदैन

धम्पुस ओ धम्पुस !

जहाँबाट
हिमालहरू बैँसी हेर्न लालायित भएर
लाम लागेर उभिएको देखिन्छ
जहाँबाट
माछापुच्छ्रे माछाको पुच्छर हेर्नें भए आऊ भन्दै
अन्नपूर्णासँग अलग्गिएको देखिन्छ
जहाँ
दुङ्गाको खुट्टामा उभिएर दुङ्गाकै टोपी लगाएका
घरहरूको लस्करले आगन्तुकहरूको मन लोभ्याउँछ

ओ धम्पुस !
देउरालीमा फूलपाती चढाएर
तिम्रो समीप उभिएर
यो मन प्रकृतिलाई सलाम गर्न मन पराउँछ

लमतन्न सुइँखेत फाँटको छाती हुँदै लम्किएको
राजमार्गमा दौडिएका मानवीय हतारहरू
जन्मिएर हुर्किन नपाई मर्दामा विलुप्त इँदी
ओ धम्पुस !
तिमी हेरिरहन्छौ/सुनिरहन्छौ
मूक साक्षीझैँ
मानौँ तिमी द्रष्टा मात्र हौ
कहिले गुराँसले रातै रङ्ग्याउँछ तिमीलाई
कहिले हिउँले सेतै बनाउँछ तिमीलाई
मानौँ स्थितप्रज्ञ छौ तिमी
अविचल मौसमहरूको क्रिडा कौतुक

आफ्नै काखबाट उठेका बादलहरूले
अग्लाइको अभिमानले उँचो भएका
हिमालहरूलाई
ढपक्कै ढाकेको पनि हेरिरहन्छौ
पहाडको काँध चढेर
घामले बिहान हिमाललाई ब्युँझाइरहेको पनि हेरिरहन्छौ
पहाडको काँधबाट अस्ताउन लागेको घामले
हिमाललाई सुनौलो जलप लगाएको पनि हेरिरहन्छौ

ओ धम्पुस !
तिम्रो छातीलाई गोरेटो बनाएर
प्रकृतिको सुन्दरतासँग आत्मसात् गर्न
हिँडेका हजार पैतालालाई तिमी सहिरहन्छौ
मानौँ समयका सबै पदचापलाई
विना कुनै प्रतिक्रिया तिमी सुनिरहन्छौ

धम्पुस, ओ धम्पुस !
तिमीलाई म तिमीजस्तै भएर हेर्न चाहन्छु
आफ्नो मनको क्यानभासमा
म तिमीजस्तै भएर
तिम्रो चित्र कोर्न चाहन्छु

ठुलाखर्क

खर्कले पनि
हिमालजस्तै मन बनाएपछि
हिमाल पनि खर्कको नजिक आउँदो रहेछ
र माया पिरतीको गीत गाउँदो रहेछ

धरतीसँग
भलाकुसारी गर्न
जहाँ आकाश निहुरिएको छ
र यो सङ्गम हेर्न
जहाँ माछापुच्छ्रे अगाडि सरेको छ
ठुलाखर्क !
तिम्रो काखमा
आँखाहरू सपना हेर्ने मन गर्दैनन्
नअघाउन्जेल हेर्नका लागि
यहाँ हिमालहरू छन्
गुराँसहरू छन्
र विराट प्रकृतिका विचित्र लीलाहरू छन्

मनै नहुनेहरूको पनि
जहाँ मन पलाउँछ
मन हुनेहरूको मन
जहाँ झन् पलाउँछ

ओ ठुलाखर्क !
काखभरि
मायाको गलैँचा बिछ्याएर बस्नू
आँखाभरि
स्वागतको साइनबोर्ड
र ओठभरि गुराँसको मुस्कान साँचेर बस्नू

म हिमाल

मनसुन जहाँ आएर म्वाइँ खान्छ
र बर्सातमा अनुवाद हुन्छ
धरती जहाँ अग्लिएर आकाश हुन्छ
म त्यो हिमाल हुँ
तिम्रो हिमाल हुँ

म बग्छु
र तिम्रा खेतहरू सिँच्छु
म बाँधिन्छु
र उज्यालोमा रूपान्तर हुन्छु
तिमी आँट मात्र
म तिम्रो लागि सागरसम्म पुग्ने बाटो हुन्छु

म हिमाल हुँ
तिम्रो इतिहास पनि
तिम्रो वर्तमान पनि
तिम्रो भविष्य पनि
तिमीलाई संसारभर चिनाउने माध्यम पनि

चिन्यौ भने म तिम्रै हुँ
चिनेनौ भने पनि म तिम्रै हुँ
तर तिमी मलाई कहिले चिन्छौ
म त्यही समयको प्रतीक्षामा छु

पोथाना

गुराँसले फक्रन कसैको आगमन पर्खँदैन

घामले उदाउन भालेको डाक पर्खँदैन

घाम पहाडको काँधबाट रातै उदाउँछ

घाम उदाउँदा पनि आफ्ना किरणका हातहरूले

हिमालका गाला सुमसुम्याउँदै उदाउँछ

घाम अस्ताउँदा पनि बिदाइको गीतले

हिमाललाई पहेँलपुर बनाएर अस्ताउँछ

विश्वासका सुन्दर स्थापत्य जस्ता हिमालहरू

लीलाप्रदर्शनका कौतुकमय क्रीडामा आनन्दमग्न छन्

बिहानको हिमाल

दिउँसो देखिँदैन

दिउँसोको हिमाल

साँझ भेटिँदैन

प्रत्येक प्रहर नौलो परिधानमा मोहक देखिन्छ हिमाल

पोथाना
हिमालको हाटबजारमा
हिमाललाई नबेचेरै पनि अघाउँछ
रातको जूनसँग पनि
दिनको घामसँग पनि मुस्कुराउँछ

ओ पोथाना !
ओठबाट हाँसो गायब भएको बेला
आफ्ना उदासीहरूसँग
तिम्रो खुसी साट्न म आइरहनेछु
तिम्रा खोल्साखोल्सीमा
अलिकता मुस्कान खोज्न म धाइरहेछु

लान्डुक

उतै घान्डुकतिर हेर्दै
त्यो डाँडो अग्लो
कि यो डाँडो अग्लो
सधैँ दाँजिरहन्छ
सधैँ पाखाभरि फुल्ने
भाखाभरि भुल्ने
सपना साँचिरहन्छ
यसरी लान्डुक मोदीको सुसाइसँगै बाँचिरहन्छ

भिरमा
भिरमौरीको मह काढ्छ
र हात चाट्छ लान्डुक
निधारभरि पसिना पोखेर
पौरखको गीत गाउँछ लान्डुक
साँझपख मायालुको सम्झनामा बज्ने
मादलजस्तै लाग्छ लान्डुक
बिहानपख मायालुको खबर लिएर आउने
बादलजस्तै लाग्छ लान्डुक

विदेशबाट आइरहने आफन्तहरूको
समाचार हो कि लान्डुक
कि विदेशी आफन्तहरूको प्रतीक्षा हो लान्डुक

खै यस पटक पनि यस्तै भो भनेर
सुस्ताउँदैन लान्डुक
जिन्दगीका कस्तै असहनीय
भेलहरूमा पनि अस्ताउँदैन लान्डुक

पुनहिलबाट सूर्योदय

उज्यालो हुनुअघि नै
एक हुल मान्छेहरू
उक्लिरहेछन्
पुनहिलतिर
निधारमा आधुनिक जूनकिरी टाँसेर

अलग/अलग अनुहार
अलग/अलग बोली
अलग/अलग वेषभूषा
के ती निर्वाणको यात्रामा हिँडेका
बुद्धशिष्यहरू हुन् ?
के ती आगोको खोजीमा हिँडेका
प्रमिथस पुत्रहरू हुन् ?

किन उक्लिरहेछन्
नाकै ठोकिने उकालो

संसार साँघुरो भएर
पुनहिलमा अटाएजस्तो छ
विश्वबन्धुत्वको घाम
पुनहिलमा उदाएजस्तो छ
पृथक रङहरूको साझा संयोजन
अनेकन बोलीहरूको यौटै गुञ्जन

यो मानिसहरूको बोली हो कि
कुनै अलौकिक गायन ?

देख्दादेख्दै
घाम उदाउँछ पहाडको काँधबाट
आकाशलाई अङ्कमाल गर्न आतुर
अनेक हिमशिखरहरू देखिन्छन्
क्षितिजको समानान्तर
राता पहेँला धर्साहरू देखिन्छन्

म
चुपचाप हेरिरहेछु
धौलागिरि
म
चुपचाप हेरिरहेछु
अपरिचितझैँ माछापुच्छ्रे पुनहिलबाट
म सूर्योदय हेरिरहन्छु
र विश्वबन्धुत्वको
अर्को सूर्योदय पर्खिरहन्छु

मलाई इलाम हुन मन लाग्यो

मलाई बिहानको बतास भएर
चियाका मुनाहरू छुन मन लाग्यो
जाडोले काँपिका छन् नेपाली मनहरू
घाम अस्ताएको यो देशमा
मलाई बिहानको कलिलो घाम हुन मन लाग्यो
देखिए-देखिएझैँ
नदेखिए-नदेखिएझैँ
मलाई इलाम हुन मन लाग्यो

बादलको घुम ओढेर
ढसमस्स बसेका छन् पहाडहरू
पसिनाको बर्सातमा
गन्तव्यको खोजीमा छन् मान्छेहरू
बादलहरू भने बेनाम-बेनाम छन्
यस्तोमा मलाई एउटा नाम हुन मन लाग्यो
मलाई इलाम हुन मन लाग्यो

देवताहरू पनि भैगो
राक्षसहरू पनि भैगो
मलाई मान्छेहरूले मान्छे पुज्ने
यौटा धाम हुन मन लाग्यो
मलाई इलाम हुन मन लाग्यो

सुतेरै जिन्दगी काट्नेहरू छन् यहाँ
लुटेरै जिन्दगी बाँच्नेहरू छन् यहाँ
तिनीहरूको बीचमा छु अचेल म
मलाई पसिनाले छोएर सुन हुने फलाम हुन मन लाग्यो
मलाई इलाम हुन मन लाग्यो

इलाम
तिम्रो सम्मानमा
मलाई स्वयम् सलाम हुन मन लाग्यो
मलाई इलाम हुन मन लाग्यो

फोटोमा

उड्दाउड्दैको चरा
टक्क रोकिएको छ फोटोमा
बग्दाबग्दैको खोला
गतिहीन भएको छ फोटोमा
वृक्षहरू त देखिन्छन्
तर तिनका पातहरू फरफराउँदैनन् फोटोमा
आकाश पनि देखिन्छ/बादलहरू पनि देखिन्छन्
बादलहरूको उडान भने गायब छ फोटोमा
भैगो मलाई फोटो नबनाऊ
मेरो मुस्कान हराउँछ फोटोमा
नृत्यमग्न आँखा सुस्ताउछन् फोटोमा

ओ प्रमिथस पुत्रहरू !

पृथ्वीको गर्भगृहमा
सेलाएको छैन आगो
कहाँ खोज्दै हिँडेका छौ आगो
ओ प्रमिथस पुत्रहरू !

म मेरी आमाको सम्झनामा
पनि सेकिरहन्छु मेरो मन
सम्झनामा पनि हुँदो रहेछ आत्मीय न्यानोपन

जीवन हुनुको सुन्दर सत्यमाथि
जब जङ्गली घोडाझैँ हिनहिनाउँछन्
सामन्ती अहङ्कार
त्यसबीच पनि बल्छ डरलाग्दो आगो
र त्यसले जलाउँछ
अहङ्कारका महलहरू

यौवनको मदमस्त दिन
देखिन्छ हरेकको आँखामा
आफूजस्तै
अर्को पुस्ताको अवतरणको सपना
भेटिन्छ त्यहाँ चुल्होमा झैँ प्रिय अग्नि

पृथ्वीको गर्भगृहमा
सेलाएको छैन आगो
कहाँ खोज्दै हिँडेका छौ आगो
ओ प्रमिथस पुत्रहरू !

बारुदको पहाडमा

भयको
राजालाई
कसले बनाइदिने हो
अभयारण्य ?

सेनाले ?
पुलिसले ?
अर्धसैनिक दस्ताले ?
वा अत्याधुनिक हतियारको जमघटले ?

जसले जति हतियार थुपारेको छ
ऊ त्यति नै भयभीत छ
जोसँग जति बलियो हतियार छ
ऊ त्यत्ति नै कमजोर छ
बारुदको पहाडमा
जहिले पनि चैनको निद्रा हराएको छ

गाउँको आकाश

हाम्रै जून खेल्ने
हाम्रै घाम खेल्ने
कहाँ गयो हाम्रो आँगन ?
दिनभरि हामीले धान चुटेको
रातभरि हामीले नाचेको
खै त्यो हाम्रो गाउँको साझा आँगन ?

चौतारी थियो गाउँको बीचमा
सिरसिर बतास चलिरहने
यसको वा त्यसको नभनी
सबैको निधारको पसिना पुछिरहने
प्रत्येकको बिसानमा
थकाइ दुखाइ हराइदिने
खै कहाँ गयो त्यो चौतारी ?

नचिनेका मान्छेहरू त त्यतिविधि देखिँदैनन्
तर चिनेका मान्छेहरूको बोली
त्यतिविधि चिनेजस्तो लाग्दैन
आफन्तले पराइ भाषा बोल्न थालेपछि
आफ्नै गीतमा पराइ भाका घोल्न थालेपछि
आफन्त नै नचिनिँदो रहेछ
जून पनि आफ्नो हुँदो रहेनछ
घामले आत्मीय न्यानो दिँदो रहेनछ

दुःख

म दुःखले मर्न तयार छु
तर मेरो दुःखको मृत्यु हेर्न तयार छैन

दुःख नभए
क्षितिजको समानान्तर
चराहरू उडेको दृश्य
सुखद हुने थिएन

दुःख नभए
पहाडको टाकुराबाट
जे परोस् भनेर खस्दै गरेको
जल प्रपातको दृश्य
सुखद हुने थिएन

दुःख नभए
पहाडकी तिमीलाई
फेदीबाट हतार-हतार
भेट्न जाने
मेरो रहर सुखद हुने थिएन

म दु:खले मर्न तयार छु
तर म मेरो दु:खको मृत्यु हेर्न तयार छैन

मेरी आमाले
रात-रातभर मेरो जीवनका निम्ति अर्पेको
उनको जीवन सुखमय हुने थिएन

मेरो बाबाले दिन-दिनभर
मेरो जीवनका निम्ति अर्पेको
उनको जीवन सुखमय हुने थिएन

दु:ख नभए
दु:खकै क्यानभासमा
कोरिन्छन् सुखका चित्रहरू
दु:खकै प्रकाशमा
आलोकित हुन्छन् सुखका रङहरू

म दु:खले मर्न तयार छु
तर मेरो दु:खको मृत्यु हेर्न तयार छैन

धर्मग्रन्थहरू

युगौँदेखि पढाइएकै छन्- धर्मग्रन्थहरू
सुनाइएकै छन् नैतिकता र आदर्शताका भाषणहरू
तर पनि पीडामा टिक्दैन मुस्कानको जलप
क्रोधमा बल्छ आँखामा आगो
कामुकतामा रहँदैन ठाउँ ठेगानको वास्ता

युगौँदेखि मान्छेका नाममा बनेका छन्
सिद्धान्तका पहाडहरू
र थिचिएका छन् मान्छेहरू
कहिले फुल्छ सिद्धान्तका पहाडहरूमा
मान्छेको मुस्कान ?

तिमीले स्याहार नगरे पनि
पूर्ण सौन्दर्यसहित फुल्छ लेकाली फूल
तिम्रो दृष्टिमा नपरे पनि
कठोर विकटतामा पनि बाँच्छ जीवन
जति हिंस्रक भए पनि
सिंहिनी आफ्नो शावकलाई सुमसुम्याउँछ/समाप्त पार्दैन

तिम्रा धर्मग्रन्थहरूले
घामको उज्यालो दिने धर्मभन्दा ठुलो कुरा दिन सक्दैन
तिम्रा सिद्धान्तहरूले
आमाको काखभन्दा न्यानो कुरा दिन सक्दैन

तिम्रा दर्शनहरूले
पानीजस्तो प्राण दिन सक्दैन
तिम्रो उपदेशले
वायुजस्तो जीवन दिन सक्दैन

कुनै धर्मग्रन्थबाट ब्युँझेको छैन बिहान
कुनै विचारको घेराबन्दीमा फुलेको छैन फूल
भन म तिम्रा दर्शनशास्त्रहरूको सिरक ओढूँ कि
तिम्रा धर्मग्रन्थहरू बालेर आगो तापूँ ?

लयमा

सबै कुरा लयमा हुँदा
प्रलयको सम्भावना टाढा हुन्छ
जब लय भत्किन्छ- गीतहरू बेसुरा बन्छन्
कुराहरू अधुरा हुन्छन्
जब भत्किन्छ लय- नजिक हुन्छ प्रलय

पहाडका छातीहरू नाङ्गो हुनु लय भत्किनु हो
मैदानका फाँटहरूमा केही नहुनु लय भत्किनु हो
चराहरूले बास बस्न रूखका हाँगाहरू नभेट्नु लय भत्किनु हो
जङ्गल मासिनु र जनावरहरू मान्छेसँग भयभीत हुनु लय भत्किनु हो
आमाजस्ता नदीहरूमाथि मान्छेका विकार थुपारिनु लय भत्किनु हो
असह्य आणविक/पारमाणविक परीक्षण हुनु लय भत्किनु हो

अब म कसरी भनूँ प्रलय टाढा छ ?

असार

धरतीमा रक्तप्रवाह देखेपछि
आकाश पनि जलवर्षा गर्न
दिक्क मानेजस्तो छ

आपसमा लडेर नथाकेकाहरू
कहाँ जानुको के अर्थ छ ?
सायद बादलहरूको काखमा
पानी यस्तै प्रश्न बनेर बसेकी छ

जति आँखा लगाए पनि
पहाडको छाती फोडेर
निस्केका छैनन् छहराहरू
कतै खेतका आली कान्लाको
कुनै कुनामा फुटेका छैनन मूलहरू

असार
असारे गीतविहीन भयो
असार
असारे रीतविहीन भयो
यस पटकको असार
सन्तान सुख खोज्दाखोज्दै
थाकेकी दु:खी आइमाईजस्तै भयो

रुँदारुँदै थाकेर सुकेका
विधवाका आँखाहरूझैँ भयो असारको आकाश
सन्तानहरूबाट परित्यक्ता
आमाको भरोसाजस्तै
चिरा-चिरा फाटे खेतका छातीहरू

ओ साउन !
कहिले आउँछौ तिमी
सुस्तरी पयर उचाल्दै
असार
यसै गयो
नबर्सी गयो
असार
यसै गयो
बिउहरूको
असामयिक मृत्युको ताण्डव हेरेर गयो

मृत्युअघि

जुन दिन
मैले वरिपरिको दृश्य हेर्न
तिम्रो आँखा सापट लिनुपर्छ
जुन दिन
आफूलाई अभिव्यक्त गर्न
मैले तिम्रो अनुमति लिनुपर्छ
जुन दिन
मेरो धरतीमा विचरण गर्न
मैले तिम्रो स्वीकृति माग्नुपर्छ
त्यो दिन म बाँच्ने छैन
तर याद राख
म मर्नुअघि तिम्रा सारा बन्धन चकनाचुर हुनेछन्
र आकाश भरि-भरि चराहरू स्वतन्त्रताका गीतहरू गाइरहनेछन् ।

बोन्साई

गमलामा
ल्याएर कोचिदिएको छु
सम्भावित तिम्रो सम्पूर्ण आयतनलाई
र जल चढाएको छु

प्रिय पीपल !
तिमी त्यतै कतै थियौ
कठोर चट्टानमा थियौ
मैले तिमीलाई मलसहित
मलिलो माटो दिएको छु
हेर्न सक्ने र भ्याइने जति
आकाश दिएको छु
तिम्रो हाँगामा उपद्रो गर्न पाउने छैनन्
बन्चराहरूले
तिमीलाई छिया-छिया पार्न पाउने छैनन्
तिमीमाथिको आक्रमणको सम्पूर्ण सम्भावनालाई रोकिदिएको छु

प्रिय पीपल !
तिमीलाई ल्याएर गमलामा कोचिदिएको छु
र प्रतिदिन जल चढाएको छु

समय

अब कुनै घण्टाघरसँग
मान्छेहरू सोध्नेछैनन् समय

मान्छेलाई थाहा छ
आगो ओकल्ने समय
प्रेमपूर्वक मान्छेलाई सुमसुम्याउने समय
पहाडका उचाइहरूमा पुगेर
जीवनको गीत गाउने समय

कुनै घण्टाघरले
वा कुनै संवत्ले
समय बताउने समय अब रहेन
मान्छेले आफैँ निर्धारण गर्नेछ
ऊ
उठ्ने
जाग्ने
र दौडने समय

अन्तर

रातभर
झमझम पानी परिरह्यो
ठुलो घरको कौसीमा
देखा पर्‍यो यौटा आकृति
र भन्यो- वाह ! प्रकृति

रातभर
झमझम पानी परिरह्यो
सानो झोपडीको ढोकामा
देखा पर्‍यो यौटा आकृति
र भन्यो- आह ! विपत्ति

रूख

जमिनमा
जरा गाडेर बसेको रूख हुँ म
हावा
जब झोक्काको भाखामा गाउन थाल्छ
म मेरा पातहरू हल्लाएर नाच्न थाल्छु
कसैले नसोच्नू
हावाले हल्लाउँछ मलाई
हावा
जब पानी बतास बन्छ
हुरी बन्छ/आँधी बन्छ
मलाई जरैदेखि उखेलेर
फाल्न खोज्छ
तब पनि म उभिरहन्छु
आखिर जमिनमा जरा गाडेर
बसेको रूख हुँ म

जमिनलाई आफ्नो ठानेर
उसकै विश्वास मानेर
समर्पित भएपछि
माटोले माया मार्न सक्दैन
जेसुकै होस् भनेर छाड्न सक्दैन
जमिनमा जरा गाडेर बसेको रूख हुँ ग
जमिनलाई जीवन मानेर बसेको रूख हुँ म

गमलाको फूल

आकाशको अनन्तता अब सम्भव छैन
जराहरूको विस्तार अब सम्भव छैन
तोकिएको समयमा फुल्नुपर्छ
तोकिएको समयमा मुझ्राउनुपर्छ
टाउको घुमाएर
स्वतन्त्रताको अनुभूति अब सम्भव छैन

ओ मालिक !
भेट्दैनन् मेरा पाखुरीहरूले
तिमीले मायाले दिएको पानी
मेरा लागि सायद अड्कल पाउन्नँ म
मेरा लागि सायद हुर्कन पाउन्नँ म
तिम्रो निगाहमा बाँचेको छु
मेरा लागि सायद फक्रन पाउन्नँ म

बगरको ढुङ्गा

मान्छेहरूको आँखाबाट
धेरै टाढा
कतै थिएँ म
कुनै खोलाको निर्जन र एकान्त बगरमा
ढुङ्गा थिएँ म
खुसी थिएँ

ओ शिल्पी !
मेरो एकान्त खोसेर
सहर ल्यायौ
छिनाले कुँद्यौ
र आकार दियौ

एक दिन मन्दिर नामको
झ्यालखानामा थुन्यौ
र मेरो सम्पूर्ण स्वतन्त्रता खोस्यौ
त्यस दिनदेखि म कैद भएँ
र सहन थालेँ
पाखण्डी पुजारी र कथित भक्तजनहरूको उपद्रव
प्रत्येक दिन

बा

आफू बाँचेको उमेरभन्दा
लामा दिनहरू काटेर
बा जानुभयो
जिन्दगीप्रतिको मोह
हराउन-हराउन लागेका बेला
अलि-अलि मोह बाँकी राखेर
बा जानुभयो
क्षणभङ्गुर भनिने देहमा
अजम्बरी वेदनाका तिखा सुइराहरू सहेर
बा जानुभयो

थाहा थियो उहाँलाई
जीवनको अनित्यता
क्षणभङ्गुर भनिने जिन्दगीका
अन्तिम दिन तन्किएर यति लामो बन्छन्
त्यो उहाँलाई थाहा थिएन
आफ्नै आँगन
सुदूर गाउँ बन्छ- त्यो उहाँलाई थाहा थिएन
उदाउँदो र अस्ताउँदो घाम हेर्नु पनि
उत्सव बन्छ भन्ने थाहा थिएन
थाहा नपाएका धेरै कुरा थाहा पाएर
बा जानुभयो

कालको क्रूरतालाई यसरी सहनुपर्छ थाहा थिएन
बा जानुभयो हामीलाई छोडेर
अनन्तताको यात्रामा

धेरै पटक
नजिकबाट देखेको यो मृत्यु
बाको समीप उभिँदा
अरू बेलाभन्दा पृथक् देखेँ
जिन्दगी यस्तै हो भनेर
कतिलाई सम्झाइएको पनि हो
तर आज आफूलाई सम्झाउनै सकिएन
बा जानुभयो
अरूझैँ तर अरूझैँ भनेर मान्नै सकिएन

काँधभरिको आफ्नो भारी
चुपचाप मेरो काँधमा राखेर
बा जानुभयो
थाहा पाउँदै छु बल्ल
बाले कति गह्रुङ्गो भारी बोक्नुभएको थियो

अन्तिम निर्णय

संवेदनाको चरममा उभिएर
देश हेरिरहेछु
भूगोल त छ अझै
तर देश अवशेष बनिसकेको छ
मलामीजस्ता जुलुसहरू
अन्तिम बिदाइको शङ्खध्वनिजस्ता जयगानहरू
आफैँले टेकेको धरातल
खस्किन लागेको यथार्थसँग अपरिचित
स्वगौरवगाथा कथ्न उद्यत महानायकहरू

मलाई
यतिखेर
गीत गाउनु पनि छैन
गीत सुन्नु पनि छैन
कोकोहोलो मच्चाएर रुनु पनि छैन
मभित्र मरेको मान्छे ब्युँताएर
युद्धमा सामेल हुनु छ
जति भागे पनि
अब युद्धबाट भाग्नु सम्भव छैन

जङ्गलमा

जङ्गलमा
हिजोजस्तै छन्
रूखहरू
चराचुरुङ्गीहरू
र वन्यजन्तुहरू
तर खोसिएका छन्
निश्चिन्त तिनका क्रीडा कौतुक
र सुमधुर गीतहरू

जङ्गलमा
जङ्गलसँगै
बज्दैनन् आश्चर्यलाग्दा धुनहरू
पैतालापिच्छे
शङ्काको उद्विग्नलाग्दो स्वर
र अविश्वासको भयावह आवाज
सुनिन थालेको छ

सुकेका छन्
जङ्गलका जलाशयहरू
र तिनीहरूमाथि उम्रेका छन्
डरलाग्दा
मृत्युका दोछायाहरू
जङ्गलमा
मान्छेहरू पस्न थालेदेखि
जङ्गल भयानक भएको छ

म मुक्तिनाथ

म मुक्तिनाथ
मेरो गलामा लगाइएको पासोबाट
म मेरो देशलाई मुक्त पार्न चाहन्छु

उज्यालोको आराधना गरिरहेका बेला
एक हुल आततायीहरूले
मलाई बोलाए

गाउँलेहरू जहाँ जम्मा भएर सुख-दुख बाँड्थे
जहाँ चराहरूले गुँड लगाएर
साँझपख आनन्दको गीत गाउँथे
जहाँ भरियाहरू भारी बिसाएर पसिना पुछ्थे
त्यही चौतारीको धत्यही रूखमा बाँधेर
पासो लगाए र गोली ठोके

निरपराध मेरो हत्या गरेर
अपराधमुक्त समाजका पक्षमा नारा लगाए
ती आततायीहरूले
मलाई मेरो अपराधको जानकारी पनि दिएनन्
अपराधीहरू आफैँ न्यायाधीश बने
र मृत्युदण्डको घोषणा र कार्यान्वयन एकसाथ गरे

बन्दुकको आवाजले तर्सेर भागे होलान्
प्रेममग्न एक जोडी ढुकुर
अत्यास मानी होली
बचेरालाई चारा खुवाउँदै गरेकी चरी

फेरि कसैको बलि दिइएको
त्रासदीपूर्ण लहरले छोयो होला गाउँलाई

मृत्यु त अवश्यम्भावी छ
उज्यालोको आराधना गर्नेको पनि
अन्धकारको मतियारको पनि
नैनं छिन्दन्ति शस्त्राणि नैनं दहति पावक:
म यौटा धिपधिपे टुकी
मलाई निभाएर उज्यालोको निरन्तरता कहाँ मर्छ ?
उज्यालो कहाँ विस्थापित हुन्छ

ओ आततायीहरू हो
म फेरि कुनै घरमा दियो भएर **बल्नेछु**
र त्यसको उज्यालोमा पढ्नेछ भविष्यको कुनै होनहार बालकले
यो देशको कुनै कालखण्डको कालो इतिहास

मलाई मार्दैमा
मर्ने छैन मानिसमा मानिसप्रतिको विश्वास
उठ्ने छैन- जीवनसागरमा वितृष्णाको लहर
हिंसाको भरमा भष्मिभूत हुने छैन आशाको अजस्र प्रवाह

म मुक्तिनाथ
मेरो गलामा लगाइएको पासोबाट
म मेरो देशलाई मुक्त पार्न चाहन्छु

छाया

उज्यालोमा त तिमीसँगै हुन्छन्
सूर्यका किरणसँगै दौडिएका सातै रङका घोडाहरू

ओठमा हुन्छ मुस्कानको मोहक धुन
आँखामा दिव्य आभा
फूलमा पुतलीहरूझैँ
तिम्रा बारेमा सुनिन्छन् प्रशंसाका गीतहरू
त्यहाँ त म नभए पनि हुन्छ
अथवा म भए पनि हुन्छ
बिस्तारै बहँदै गरेको बतासझैँ
अथवा कतै छेउ लागेर
उत्सवको आनन्द हेरिरहेको दर्शकझैँ
तिम्रो लागि
चुनौतीको पहाड बनेर समय उभिएका बेला
मलाई तिम्रो पसिना पुछ्न पाए पुग्छ
अथवा ढाडस भएर तिम्रो साथ बस्न पाए पुग्छ
तिम्रो हात समातेर तिमीलाई जँघार तार्न
पाए पुग्छ

मलाई तिम्रो छाया हुनु छैन
उज्यालोमा सधैँ साथ हुने
र अँध्यारोमा हराउने

साँझ

दिनभर ड्युटीमा खटिएर
लोलाएको घाम
फतक्क गलेर पहाडको काँधमा अडेस लाउँछ
र बडो अल्छी मान्दै
बिदाइको हात हल्लाउँछ

यसै बेला
सौन्दर्य प्रतियोगितामा भाग लिएकी
कुनै नवयौवना क्याटवाक गर्न निस्किएझैँ
क्षितिजमा देखिन्छ
अत्यन्त चहकिलो परिधानमा जून

दोसाँधको यो बेला
कुनै आफन्तको मृत्युसँगसँगै
जन्मिएको नवजात शिशुझैँ लाग्छ
झुटो आरोपमा क्रुसमा टाँगिएको इसुझैँ लाग्छ

आदिम प्रेमी

म युगौँ पुरानो त्यही प्रेमी हुँ
जसले आकासको छानोमुनि उभिएर
पानीका बेलगाम घोडाहरूको गीत गायो
रूखका कुचीहरूले निर्मित
विशाल चित्रहरूमा आँखा दौडायो
समयको अनन्ततामा जीवन्तता थप्ने प्रयत्न गर्‍यो
र मान्छेको अमरताको यात्रामा
आफ्नो जीवनको सानो सेतु निर्माण गर्‍यो

म आदिम आवाज हुँ
जो वाणी बनेर
तिम्रो कानबाट हृदय प्रदेशमा बास बस्न आइपुग्छ
जो हात बनेर
तिम्रो केशराशिमा स्पर्शको छाप छोड्न मन पराउँछ
ओठ बनेर
तिम्रो ओठसँगै काव्य वाचनमा लीन हुन्छ

म त्यही आदिम प्रेमी हुँ
तिम्रा आँखाहरूमा आफ्नो ठेगाना खोज्न हिँडिरहेको
तिम्रो मुस्कानमा आफ्नो जीवनको सूर्योदय देख्ने
समयको प्रतीक्षामा उभिरहेका
सन्ततिहरूको सपनाले आवाद म युगौँ पुरानो त्यही प्रेमी हुँ
यौटा लहर भएर पानीको अनवरत गानसँगै
तिमीलाई खोज्दै टाउको उठाइरहेको

आफ्नै बेवारिस लाससँग बुढो लाहुरे

यौटा बुढो लाहुरे
च्यापुलाई आफ्नै हातमा टेकाएर खोकिरहन्छ
खोकिरहन्छ एकतमासले बगिरहेको कुलोझैँ

कहिलेकाहीँ सुमसुम्याउँछ
चाँदीका केही पुराना मेडलहरू
र ओठमा मन नपरी-नपरी देखा पर्छ
हाँसो नामको यौटा सानो धर्सा
त्यो धर्सा तन्किँदै लामो बन्छ
र बन्छ विगतको टाउको ठुङ्न तयार सर्पजस्तो

बाँस बेचेर आएका केही जोर खाकी लुगाहरू
भट्टीमा अल्झिएका केही खुद्रा सुखका सम्झनाहरू
गाउँको गोरेटोमा बुट बजार्दै हिँड्दा
छिमेकीहरूको ईष्र्यालु आँखामा
झुटले बनेको आफ्नो उज्यालो तस्बिर

हेर्छ यौटा बुढो लाहुरे
आफूभन्दा बुढो चौतारीमा
इतिहासभन्दा पुरानो नदीको छालमा
उन्दै ढुल्दै बगरमा पल्टेको
कुनै बेवारिस लासजस्तै आफ्नै तकदिर

अतृप्ति

च्याप्प समातेर तिमीलाई अङ्गालो मारूँ
र चेतनाको ओठले चुमेर
मिलनको यौटा गीत गाऊँ
तिम्रो केशराशिमा विश्वासका औँलाहरू चलाएर
आनन्दको धुन भरूँ
तिम्रो आँखामा आँखा जुधाएर
आत्मीय आगो अनुभूत गरूँ

किन यो अतृप्तिको जँघार सधैँ मेरो सामु देखा पर्छ
र किन सधैँ म पराजयको गीतमा अनुवाद हुन्छु

जीवन गीत

जीवन वृक्षका हाँगाहरूमा
गुँड लाउन आएका सपनाहरूलाई सुमसुम्याउँदै
गाउनु छ यौटा जीवन गीत

आगोजस्तो भर्भराउँदो र आत्मीय
पानीजस्तो शीतल र स्पर्शशील
प्रेमिकाको आँखाजस्तो मायालु
र आमाको बोलीजस्तो प्रीतिकर

देख्दै छु सपनाका गुँडहरूमा
बचेराहरूका फटफटाइरहेका कोमल पखेटाहरू
हाँगामा यामैपिच्छे फेरिने पातहरू
र मौसमअनुसार तिनले गाउने गीतका रहरलाग्दा पङ्क्तिहरू
सुन्दै छु सुदूर कतैबाट हुनहुनाउँदै आइरहेको आँधीको आवाज

यी सबैका बीच गाउनु छ मलाई जीवन गीत
अँध्यारोको कोखबाट जन्मेको उज्यालोजस्तो
असत्यको पर्दाले ढाक्नुअघि ब्युँझेको सत्यजस्तो
मृत्युले गाँज्नुअघि बजेको अमरताको गीतजस्तो
गाउनु छ मलाई मेरै प्यारो जीवन गीत

प्रणयको गीत

म पहाड बनूँ
र तिमी बादल बनेर
मलाई सुमसुम्याउँदै हिँड्नू
देख्नून् सारा मान्छेहरूले
तिम्रो र मेरो सङ्गममा यौटा कवितामय दृश्यचित्र

रातै फुलेको लालीगुराँसको जङ्गलजस्तै तिम्रो ओठ होस्
विना कुनै गर्जन बर्सेको जलधाराझैँ तिम्रो अधरभूमिमा बर्सुं म
वरिपरिका रूखहरू एकसाथ प्रणय गीतको कोरसमा निमग्न बनून्

तिमी उदयाचलको सूर्य बन्नू
र मेरो प्रतीक्षाको धरतीभरि अगणित किरण बनेर फैलनू

म चुल्होको आगो बनूँ
तिम्रो अपेक्षाको कसौँडीमा
पिरतीको खिचडी पाकिरहोस्

आऊ म शब्द बनूँ
तिमी लय बन
र हामी प्रणयको सुन्दर गीत बनौँ

एक दिन

म फेरि आउनेछु
धरतीमा हरियाली ल्याउनेछु
विश्वास गर
सधैँ जीवनको गीत गाउनेछु

मौसम पतझडको पनि होला
रात औँसीको पनि आउला
प्रत्येक प्रतिकूलतामा पनि म हुनेछु
म आफैँ सङ्गीत बनेर छाउनेछु

रात जति प्रगाढ होला
दिन त्यति नै सुनौलो हुनेछ
बर्सातले सिनित्तै भिजाएपछि
पहाड झन् हरियो र नौलो हुनेछ
छिनाले जति प्रहार गर्ला शिल्पी
त्यति नै प्रखर रूप आकार देखिनेछ

तप्त मरुभूमिसँग हार्नेछैन
शब्दजालमा प्रतिबद्धता टार्नेछैन
आशाका हाँगाहरूमा विश्वासको फूल फुल्नेछ
विश्वास गर
मान्छेसँग मान्छेको विश्वासको मूल फुट्नेछ

एक दिन यस्तो आउनेछ
मान्छेले प्रलयको होइन
लयको गीत गाउनेछ

चराहरूले

चराहरूले सीमारेखा बनाएनन् भूगोलमा
र उड्न पाए असीम आकाशमा
चराहरूले मन्दिरहरू बनाएनन् रूखका हाँगाहरूमा
गुँडहरू तथाकथित धर्मध्वजाहरूबाट मुक्त भए
चराहरूले नैतिकताका पाखण्ड प्रवचनहरू सुन्नुपरेन
सुमधुर गायनमा सधैँ रमाइरहे
चराहरूले राजनीतिक सिद्धान्तहरू पढ्नुपरेन
र सबैभन्दा बढी स्वतन्त्रता उपभोग गर्न पाए
धर्मग्रन्थहरू पढ्नु नपरेकै कारण
चराहरू धर्मयुद्धमा फसेनन्
उन्मुक्त उड्ने, प्रेम गर्ने
र सुमधुर गायनको धर्मबाट विचलित भएनन्

चराहरूले सीमारेखा बनाएनन् भूगोलमा
र उड्न पाए असीम आकाशमा

समय

कुनै पुराकथाकी राजकुमारीझैँ
कोप भवनमा गएर बसेको छ समय

आकाशमा आफ्नै उडानमा निमग्न चराहरू देखिँदैनन्
खोलाहरूमा माछाहरू स्वतन्त्रताका गीत गाउन असमर्थ छन्
गमलाहरूमा फूलहरू छन् सशङ्कित
अनिद्राका रोगीहरू जस्ता छन् जङ्गलमा रूखहरू
जटिलताको जङ्गलमा निरीह छ मान्छे
र सोधिरहेछ आफ्नो उद्गमको दिशा

प्रिय स्वतन्त्रता
तिमीले जेलबाट पठाएको चिठी पढेर
मनमा अलिकता खुसी पलाएको छ
बाहिर त हाँस्नु पनि खतरनाक अपराध मानिएको छ
र रुनु आतङ्ककारी कदम

नदी अवरुद्ध छ
हिमाल आइसक्रिमझैँ पग्लिरहेछ
बरु फुटे हुन्थ्यो ज्वालामुखी
लामो अन्तरालपछि भए पनि
समयका कापहरूमा फुल्ने थिए नयाँ फूलहरू

सानो हुनुको अर्थ

सगरमाथा जति नै अग्लो भए पनि
त्यसको शिखरको आयतन सानो छ
झन् सानो छ शिखर आरोही मान्छे
त्यसभन्दा पनि सानो छ
त्यहाँ टेकिएको उसको पैताला

त्यहाँबाट देखिने दृश्य छ विशाल
त्यस अर्थमा छ उँचो हुनुको सार्थकता
त्यस अर्थमा छ उँचो हुनुको महानता
उँचो हुनुको अर्थ आत्मकेन्द्रित हुनु होइन
उँचो हुनुको अर्थ अहङ्कारको बादलले ढाकिनु पनि होइन
उँचो हुनुको अर्थ पग्लेर फेदीसम्म पुग्नु हो
बाफ बनेर आकाशजस्तै अनन्त हुनु हो

आफूलाई उँचो ठान्नेहरू सबै अग्ला हुँदैनन्
कुर्सीमाथि चढेर कोही सगरमाथा हुँदैन
सिंहासनमा बस्दैमा कोही लिलिपुट मन महान् हुँदैन

सानो हुँदैमा शिखर टेक्ने पैताला सानो हुँदैन
विनम्रताले नुहेको हाँगा हावाले उडाएको चङ्गाझैँ हुँदैन

ढुङ्गा

युगौँअघि
चङ्गेज खानको घोडाले कुल्चिएर
हिँड्दा पनि म उस्तै थिएँ
युगौँपछि तिमीले देवता बनाएर
मन्दिरमा सजाउँदा पनि म उस्तै छु
कहिले तिमीले मलाई हतियार बनायौ
र खेद्यौ दुस्मनहरू
कहिले तिमीले पर्खाल बनायौ
र बनायौ सिमानाहरू
कहिले तिमीले मलाई कुँद्यौ र देवता बनायौ
र गुनगुनायौ प्रार्थना र कामनाहरू
कहिले मन्दिरको जग बनायौ
र मलाई अँध्यारोमा पारेर आफू जगमगायौ
घर बनायौ र सुरक्षित बाँस ठड्यायौ

म त ढुङ्गा हुँ
तिम्रो दृष्टिमा संवेदनाशून्य

कुनै निर्जन पहराको छहराले
निरन्तर म्वाइँ खाइरहन्थ्यो मलाई
म त्यहीँ ठिक थिएँ
मान्छेको बस्तीमा ढुङ्गा हुनु पनि
अभिशाप हुँदो रहेछ
तिमीले बनाएको देवताको पनि
अर्थ नहुँदो रहेछ

म खोजिरहेछु

म खोजिरहेछु
स्तनपानपछि
आमाको काखमा
निदाएको बालकको
अनुहारको झैँ प्रशन्नता

म खोजिरहेछु
मेरो देशको मुहारमा
मेरा मान्छेहरूको अनुहारमा
खोलाको प्रवाहमा
चराहरूको उडानमा
जङ्गलको नृत्यमा

कति युग लाग्छ ?
स्तनपानपछि
आमाको काखमा निदाएको
बालकको अनुहारको झैँ प्रशन्नता पाउन

लहलहाएका धानका बालाहरू
स्वच्छन्द उडेका चराहरू
र खोलाको कलकलका बीच
निर्भयता हरायो भने म प्रशन्नता कहाँ खोजूँ ?

ओ बुद्ध
अभयारण्यमा
मान्छेहरू कहिले विचरण गर्न पाउँछन् ?
ओ गान्धी
अरू गान्धीहरू
विनागोली कहिले प्रशान्तीमा बास बस्न पाउँछन् ?

प्रिय सुनगाभा

प्रिय सुनगाभा !
कतै अनकन्टारमै ठिक छौ तिमी

तिमीलाई म हुनु र नहुनुमा के फरक ?

म हुनुले
बरु थाहै नपाई जन्मेको होला असुरक्षाको भय
र ओठबाट फुत्केला त्रासदीको गीत

कुनै पत्थरको अनुर्वर कापमा
या कुनै बुढो रूखको हाँगामा
बैँसको गीत भएर जब फुल्छौ तिमी
फुल्नुको अहङ्कारमा कत्ति पनि फुल्दिनौ तिमी
सायद फुल्नुको उन्मुक्ततामा
कुनै निष्काम कर्मयोगीझैँ देखिन्छौ तिमी

अस्तित्वका नाममा
म विश्वास गर्छु महाभारतको कथा पुनरावृत्त गर्नमा
तिमी विश्वास गर्छौ एकान्तमा चुपचाप फुल्नु र ओइलाएर झर्नुमा

फरक छ सुनगाभा
तिमी र ममा फरक छ
फरक छ निर्जनमा निमग्न हुनु
र प्रतिस्पर्धाको मैदानमा आफ्नै स्वत्व हराउनुमा

प्रिय सुनगाभा
कतै अनकन्टारमा ठिक छौ तिमी

जानु छ एक दिन

जानु छ एक दिन
टाढा कहिले नफर्किने गरी

जसरी जान्छन् ताराहरू
एकाएक अनन्तको काखमा
बिलाउँछन् नदीहरू समुद्रको विशाल छातीमा
एकान्तमा हराउँछन् एकान्तमा गाइएका गीतहरू
जानु छ टाढा एक दिन

थाहा छैन
सपनाहरू पनि सँगै जान्छन् कि जाँदैनन्
सम्झनाहरू यतै रहन्छन् कि रहँदैनन्
म गइसकेपछि पनि
बाँकी रहन्छ कि रहँदैन मेरो माया तिमीसँग
कि फोटो मात्र झुन्डिनेछ भित्तामा
र माकुरोको जालोले छोपिनेछ
मेरो कुरूप अनुहार

काँडाहरू

खुसी छु
तिमीले दिएको दुःखमा पनि
तिमीले दिएको सुखमा पनि
उज्यालोमा पनि
अँध्यारोमा पनि

सहस्र काँडा टेकेर
जब पुग्छु कुनै शिखर
मलाई काँडाहरू बिझाउँदैनन्

काँडाहरू छन्
र त जीवन
चुनौतीको जीवन्त चुली भएको छ

रूखबाट पात झर्छ चुपचाप

रूखबाट
चुपचाप झर्छ पात
झर्नुमा विस्मातको स्वर पनि सुनिँदैन
कतै शोकधुन पनि बज्दैन

युगौँदेखि
झरिरहेका छन् पातहरू रूखहरूबाट
र पनि रूखहरू नाङ्गिदैनन्
भन्छन् झरेका पातहरू
झर्छन् कुहिन्छन् र मल बनेर
रूखमा प्रवेश गर्छन्
र फेरि पात बनेर रूखलाई रूखझैँ ठडिरहन
र रूखझैँ अडिरहन मद्दत गर्छन्
यो युगौँ पुरानो कथा
प्रत्येक ऋतुमा नयाँ लाग्छ
प्रत्येक पुस्ता विस्मयको रागझैँ गुनगुनाउँछ

रूखबाट चुपचाप झर्छ पात
यौटा सुविचारित निरन्तरताझैँ
फेदीमा ओर्लेर
फेरि उकालो चढ्ने उपक्रममा लागेको मान्छेझैँ

सम्झना

विना कुनै पूर्वसूचना
आउँछ सम्झना
जसरी जङ्गलबाट एक्कासि बस्तीमा
देखा पर्छ डाँका दल
र लुटेर लान्छ सबै झोली तुम्बा

चौतारीको डिलमा
चौतारीझैँ भएकी बुढी आमाको
आँखाको अश्रुसागरमा
सुदूर कतै देखा पर्छ यौटा डुङ्गा
ढलपल ढलपल

एक अङ्गालो सपना देखाएर
परदेसिएको लक्का जवानकी
प्रेमिकाको अवरुद्ध कण्ठमा
हिक्कहिक्क भएर आउँछ सम्झना

मनको खोलामा
ससाना माछाझैँ
यता उता गरिरहेको हुन्छ सम्झना

म सम्झनाको घोडा चढेर
तिमीकहाँ पुग्छु बारम्बार
तर किन मेरो सम्झनाको डोलीमा
तिमी कहिल्यै देखा पर्दिनौ ?

थाहा छ
सम्झनाको राग नभएको भए
अनुराग नामको गीत हुने थिएन
थाहा छ
सम्झनाको राग नभएको भए
वैराग नामको उदास साँझ हुने थिएन

म सम्झनाको झोलुङ्गे पुलमा
मच्चिरहेको छु

पराजित विश्वास

आफैँप्रति अविश्वस्त हुँदाहुँदै पनि
जब म तिमीमा विश्वास व्यक्त गर्न उभिएँ
इतिहासको कठघरामा

सम्झेँ विदेशबाट लस्कर लागेर आएका बाकसहरू सम्झेँ
नवविवाहित श्रीमतीको शिर आँसुले लछप्पै भिजाउँदै
परदेश लागेका जवानहरू सम्झेँ
पटपटी फुटेर बाँझो पल्टेको खेत सम्झेँ
पुल नभएर तुइनमा झुन्डिएर स्कुल जाँदै गरेका नानीहरू सम्झेँ
सम्झेँ तिम्रो उज्यालो अनुहार
उत्साहले उचालिएको हात
र विश्वासले आच्छादित बोली
लाखौँ आफन्तहरूको रगत र पसिनाको
बलमा मैले पाएको अधिकार

आमाको निधारमा
युगौँदेखि लागेको नाम्लोको डाम
आफैँसँग अविश्वस्त बाबुको
लामो समयदेखिको खोकी र कहिल्यै नसिद्धिने दम
दिनभर कपास रोपेर फर्केको मजदुरको नाङ्गो आङ
साइतमा हिँडेको पञ्चेबाजा र छोइछिटोमा परेको दमाई दाइ
आकाशको हिसाब लगाउन सजिलो होस् भनेर
च्यातिएको स्कुलको छानो
भत्किन भत्किन लागेको मन्दिर
र बेपत्ता भएको देवता
आफूभन्दा जेठो भोक खपेर बाँचेको बालक
आफ्नै सन्तानको लास सद्गत गर्न नसकेर
बाढीमा बगाउने बाबुको बाध्यता

आफैँसँग अविश्वस्त म
तिमीमा पोखेर सम्पूर्ण विश्वास
यो भवसागर पार लगाउने आशाको त्यान्द्रो सँगाल्दै थिएँ

थाहा पाउँदै छु
जति बेला
आफ्नो विश्वासको बलमा
तिम्रो विजयको गीत म गाउँदै थिएँ
त्यही बेला पराजित भइसकेको थिएँ

एउटा आदिम गीत

विस्मृति राग
जतिसुकै गाऊन् उत्तरआधुनिक गायकहरू
विस्मरणका गीतहरू असमर्थ छन्
मेरा बाबुबाजेका अनुहारहरू नेपथ्यमा धकेल्न
म छु
किनकि मेरा बाबुबाजेहरू थिए
मेरी आमा र बजैहरू थिए
त्यसै गरी म रहनेछु
मेरा सन्ततिका लस्करहरूबीच कतै
अस्तित्व यसरी गतिमान छ
डाइनासोरका पूरा कथाहरू
जतिसुकै पटक दोहोर्‍याइरहून्
विज्ञानका अभिशप्त ग्रन्थहरू
म उभिरहनेछु
मैले देख्दै नदेखेको सुदूर समयको सीमान्तसम्म

समयको अविश्रान्त यात्रासँगै
म हुनेछु
आवरणहरू बदलिएलान्
तैपनि मसँग हुनेछ
एउटा आदिम गीत

खोलाले भन्यो

खोलाले सुसाउँदै भन्यो
एक्लै त कोही समुद्रमा पुग्न सक्दैन

ममा मिस्सिन आइपुगेका
अनेक खोल्साखोल्सीको बलले
म पुग्छु नदीसम्म
नदी मजस्ता खोलाहरूको बलले
पुग्छ महानदीसम्म
र नदीहरूको बलले
महानदी पुग्छ समुद्रसम्म

खोलाले सुसाउँदै भन्यो
एक्लै त कोही पुग्न सक्दैन
समुद्रसम्म

म पहाड

जेसुकै नामले बोलाऊ मलाई
आखिर म पहाड हुँ

को मान्छे तिम्रो आकाङ्क्षाजस्तै
म धरतीको आकाश चुम्ने आकाङ्क्षा हुँ
झट्ट हेर्दा अचलजस्तो
ममा पनि छन् थुप्रै चञ्चल रहरहरू
त्यसैले झर्ना भएर झर्छु
तलको खोलासम्म
बादलको बर्को ओढेर कैले छोपिन्छु
कतै घना जङ्गल भएर बस्छु
तिमीले सोचेजस्तो स्थिर छैन म
तिमीले सोचेजस्तो मूक छैन म

म पहाड हुँ
मेरा पनि रहरहरू छन्
मेरा पनि दु:खहरू छन्
मेरा पनि पहिरोजस्ता घाउहरू छन्
भैंगो तिमी जेसुकै भन
जे नामले बोलाऊ मलाई
आखिर म पहाड हुँ

बाकस

धेरै अघि
पहाडको थाप्लोबाट
गोठका गाईभैँसी
पुराना लत्ताकपडा
गुन्द्रुकको पोको
भाग्यले नचियाएका केही थान चिना
र यौटा ठुलो बाकस
केही मान्छेहरूका साथ ओर्लेको थियो
औलले आवाद निर्जन भूमितिर

सपनाहरू हुर्केनन्
मकैका बोटहरूझैँ
तृष्णाले अवरुद्ध भयो कण्ठ
खुट्टा भएर पनि गतिहीन भयो देह
आँखाहरूमा फुलो पर्‍यो
पाखुरी बजारेर पनि
चलेन दुङ्गा पेटको महासागरमा
तुलसीको मठमा
अन्तिम पटक चढाएर पानी
आफू जन्मेको घरलाई
अन्तिम पटक अश्रुपुरित आँखाले
हेर्दैं झर्दैं गरेका थिए
मान्छेहरू आफ्नै देशको
सरहदभित्रको परदेशमा

अचेल त्यति झर्दैनन् पहाडबाट
मुदुस नामका बाकसहरू
बाकसहरू अचेल भाग्यमानी भएका छन्
ती भरिएर आउँछन्
र आउँछन् जहाज चढेर

देशको प्रचण्ड पीडा छल्न
परदेशको प्रचण्ड पीडामा धकेलिएका
अभागी मान्छेका
केही थान आवाद हुन नसकेका
सपनाहरू बोकेर आउँछ बाकस
आमाहरूका नाममा
निराशाको पुलिन्दा बोकेर
सन्ततिहरूका नाममा
जताततै शून्यताको अनुभूति बोकेर
बाकस आउँछ

बाकस भरिएर आउँछ
रित्तिएको मान्छेको लास बोकेर
बाकस जहाज चढेर आउँछ
बाकस आउँछ
बाँकी रहेको अलिकता आस
रित्याउन आउँछ

असमर्थ राजधानी सहर

घण्टाघर छ
समय बताउन असमर्थ

धरहरा छ
वरिपरिको दृश्य हेर्न असमर्थ

रानीपोखरी छ
आफैँ नुहाउन असमर्थ

असमर्थताको यो लस्कर लामो छ
यसबीच एउटा भव्य प्रासाद खडा छ- सिंहदरबार
जहाँबाट देशको प्रशासन चल्छ
त्यो पनि आफ्नो बाटो पहिल्याउन छ असमर्थ

वाग्मती छ
दुनियाँ चोख्याउँदै
आफैँ चोखिन असमर्थ

मन्दिरहरू छन्
र त्यसभित्र देवताहरू छन्
आफैँ जोगिन असमर्थ

सडकहरू छन्
तीव्रगामी वाहनहरू छन्
तर गन्तव्य पहिल्याउन असमर्थ

ओ राजधानी !
तिमी असमर्थताहरूको
जन्जालमा जेलिएका छौ
र देश तिमीबाट मुक्ति पाउन छ असमर्थ

राजधानी र कालो नदी

राजधानीको मध्यभागबाट
बगेको छ – यौटा कालो नदी – गन्तव्यहीन
त्यो नदीले बगाएर लगेको छ
मान्छेका सपनाहरू
इतिहासका भग्नावशेषहरू
निश्चिन्त बाँच्ने मान्छेका चाहनाहरू

अविश्वासका लहरहरूले भत्काउँदै
सम्भावनाका किनाराहरू
विध्वंसका विद्रुप लाग्दा गीत गाउँदै
बगेको छ यौटा कालो नदी
तैरिएका छन् त्यसको छातीमाथि
सुनौला पङ्खधारी सपना
कुनै मञ्जुश्रीको कथा जाग्नेछैन
कुनै श्रीकृष्णको किंवदन्ती पुनर्जीवित हुनेछैन
सायद त्यो कालो नदीको मानसमा

यौटा कालो नदी बगिरहेछ
अनिश्चयको बाढीसहित
निर्भयताका सम्भावनाहरूलाई पूरै बगाएर
लथालिङ्ग भताभुङ्ग पार्दै

देशदेशावरबाट
आएका छन् माझीहरू
स्वार्थको माछा खोज्दै
माझीहरू
जाल बुन्दै
र जाल हान्दै छन्
कालो नदी एकनासले अत्यास उत्पन्न गरेर बगिरहेछ
तीव्र वेगका साथ
अनिश्चित गन्तव्यतिर बगिरहेछ
कालो नदी
अग्ला मान्छेहरू
अग्ला घरहरूमा सुरक्षित बाँचेको भ्रममा बाँचिरहेछन्
कालो नदीले अग्ला मान्छेहरूका अग्ला घरहरूका
जगहरू पनि भत्काउन थालिसकेको छ
आकाश नै दुर्भाग्यमा रूपान्तर भएका बेला
अहङ्कारको गीत सुसेल्न छाडेका छैनन् मान्छेहरू

कालो नदी
दायाँ बायाँ
तल माथि
सबैलाई भक्षण नगरी शान्त नहुने ढङ्गले बगिरहेछ
कोही-कोही कालो नदीलाई आराध्य देव सम्झेर
पूजा गरिरहेछन्
बलि चढाइरहेछन्
प्रशस्ति गाएर प्रसन्न पार्ने उपक्रममा छन्

थाहा छैन
यो कालो नदीको उद्गम
अग्ला मान्छेका अहङ्कारहरू हुन्
कि होचा मान्छेहरूका नियति
थाहा छैन
यो कालो नदीको उद्गम
दसगजाभित्र हो कि बाहिर

राजधानी
लाचार आफ्नै छातीमाथि बगेको
कालो नदीलाई निरुपाय हेरिरहेछ
राजधानीको छातीबाट
आजभोलि यौटा कालो नदी बगिरहेछ

सर्पहरू र राजधानी

मञ्जुश्रीले चोभारको डाँडो काटेपछि
बगेका थिए भन्छन् पानीसँगै हजारौं सर्पहरू

सायद भविष्यको कुनै कालखण्डमा
सर्पहरू पनि चाहिन्छ भनेर
केही सर्पहरू सुरक्षित राखिए टौदहमा
भन्छन् त्यसपछि उपत्यकामा
मान्छेहरू र सर्पहरू सँगसँगै बाँच्न थाले
यसरी विस्तारै मान्छेहरू र सर्पहरू एकाकार हुन थाले

थाहा छैन
कति मान्छेहरू सर्प भए
कति सर्पहरू मान्छे भए
थाहा छैन
कति मान्छेहरूले सर्पहरूलाई डसे
र कति सर्पहरूले मान्छेलाई डसे
सिङ्गो उपत्यका भने सर्पदंशित भयो
सिङ्गो उपत्यका भने अभिशप्त भयो

त्यस बेलादेखि भन्छन्-
उडेर चुली छुनेहरू
र केही सम्भावना हुनेहरू
उपत्यकामा पैताला टेक्नासाथ
सर्पमा अवतरित हुन थाले

युगौँदेखिको यो कथा
अहिले पनि उस्तै छ
चोभारको डाँडो काट्न
फेरि कुन मञ्जुश्री अवतरित हुने हो यो धरतीमा
परालको खुट्टाले जमिन टेकेर
परालको हातले आकाश छुन खोज्नेहरूको
प्रतीक्षा उस्तै छ ।

ओ काठमान्डु !

आफ्नै चेतनाका किरणहरूको स्पर्शबाट म ब्युँझेको छु
र तिमीलाई भन्दै छु
ओ काठमान्डु !
सिँगान
खकार
थुक
र मलमूत्रले आच्छादित छौ तिमी

कसले काटिदियो तिम्रो हात ?
कसले भाँचिदियो तिम्रो खुट्टा ?
कसले टालिदियो तिम्रो आँखा ?
कसले खोसिदियो तिम्रो बोली ?
र चुपचाप सहेर बसेका छौ तिमी

ओ काठमान्डु !
तिम्रो वाग्मतीमा सूर्यकिरण नाक थुन्छ
तिम्रो विष्णुमतीको छेउबाट प्राणवायु भाग्छ
कुन मञ्जुश्री पर्खेर बसेका छौ तिमी ?
पाँचतारे होटलका कक्टेल डिनरहरूमा
किन पस्किन सक्दैनौ तिमी
सिँगान, खकार, थुक
र मलमूत्र
तिम्रा डबलीहरूमा

बेइमानीका दहीलीलाहरू मञ्जित भइरहेका छन्
तिम्रा पटाङ्गिनीहरूमा
इतिहास बिक्रीका लागि सजाइएका छन्
न तिमी लाखे नचाएर
तर्साउन सक्छौ अपराधीहरूको शासनलाई
न तिमी जिउँदा ख्याकहरूलाई
टुँडिखेलमा भात पस्केर मन्साउन सक्छौ

ओ काठमान्डु !
उठ
खड्ग साट्न छोडिदेऊ
ओ काठमान्डु !
उठ
खुट्टा कमाउन छोडिदेऊ
ओ काठमान्डु !
उठ
भातेहरूको भजन गाउन छोडिदेऊ
ओ काठमान्डु !
उठ
घोडा बन्न छोडिदेऊ

अजङ्गका दलालगाथाहरूमुनि थिचिएर
मृत्यु पर्खेर नबस्नू काठमान्डु
पाखण्ड पर्वका नायकहरूसमक्ष घुँडा नधस्नू काठमान्डु
ओ काठमान्डु !
अपराधी हातहरूबाट शृङ्गारको स्वप्न व्यर्थ छ ।

मान्छेभित्रको समुद्र

मान्छेलाई केही समय
चुप लगाउन सकिन्छ
विचार गर्न बन्देज गर्न सकिन्छ
निषेधहरूमा रमाउन सकिन्छ केही समय
निर्बन्ध आकाशमुनि कसैलाई बाँध्न सकिन्छ केही समय

सोच
गिदी भएको मान्छे
कहिलेसम्म नसोची बस्न सक्छ ?

सोच
दृष्टि भएको मान्छे
कहिलेसम्म आँखा चिम्लन सक्छ ?

सोच
वाणी भएको मान्छे
कहिलेसम्म मौन रहन सक्छ ?

सोच
गति भएको मान्छे
कहिलेसम्म कैद हुन सक्छ ?

मान्छेभित्र पनि छ समुद्र
त्यसमा पनि उठ्छन्
ज्वारभाटा र सुनामीहरू
सोच
तिनलाई कहिलेसम्म रोक्न सकिन्छ ?

अठोट

तिम्रा जस्ता
मेरा पनि केही सपना छन्
थाहा छैन ती कहिले विपनामा परिणत हुन्छन्

युगौँदेखिको
निस्सासिँदो र कठ्याङ्ग्रिँदो जाडोमा
कक्रिएको मजस्तै
चिसा भए होलान् मेरा सपना
हजार वेदनाको बोझमुनि देखिएको मजस्तै
कतै दबिएका होलान् मेरा सपनाहरू

धेरै पटक
तिमीहरूलाई आसनमा विराजमान गराएर
तिम्रो अभिनन्दन गरेको छु मैले
धेरै पटक तिम्रो निकट पुगेर
आत्मीय न्यानो खोजेको छु मैले

तिमी स्वयम्भित्रको रक्तप्रवाह तातो भेटिनँ मैले
तिमी आफैँभित्र प्रज्वलित दीप देखिनँ मैले

मलाई माफ गर
तिमी हिँड्दै गर्दा
मेरा गोडा खुम्चिएका छन्

तिमीले सुन्दर दृश्यको वर्णन गरिरहँदा
मेरा आँखा अँध्यारिएका छन्
आफूलाई निरुपाय बनाइरहन सक्दिनँ

कण्ठसम्म आएको जागरण गीत
नगाईकन बसिरहन सक्दिनँ
तिमीले हिँडिदिन्छौ भनेर
म आफ्नो खुट्टा कुँज्याएर राख्न सक्दिनँ

अराजकताको गीत

बुझ्न सकिन्छ
बहिराहरूलाई इसाराको गीत मन पर्छ
तर थाहा छैन किन राज्यलाई अराजकताको गीत मन पर्छ

अहङ्कारको रचना
उन्मादको सङ्गीत
र हिंसाको स्वरमा
अराजकताको गीत निकै सुनिँदै छ
श्रोताजनहरू कान थुनेर पनि मुक्त छैनन् अराजकताको गीतबाट
थाहा हुनुपर्ने हो
अराजकता त्यस्तो नरभक्षी हो
जो उद्गमको पनि भक्षण गर्छ
थाहा हुनुपर्ने हो
अराजकता त्यस्तो आँधी हो
जो मूलको उच्छेद गर्छ

अराजकताको रथमा आरूढ भएर
राजा बन्ने सपना कसैले नदेखे हुन्छ

शरणार्थी

सधैँ नीलाम्मे देखिने आकाश
कालो गाढा कालो भएको दिन थियो
मैले आफू जन्मेको माटो छोडेको दिन

आततायीहरूका घोडाहरू हिनहिनाएका थिए
क्रूरताले मेरो माटोमा पैताला टेकेको थियो
प्रतिरोधले टाउको उठाउन नपाउँदै
हिंसाका टापहरूले अहिंसाका मन्त्रहरू कुल्चेको दिन थियो
मैले आफू जन्मेको माटो छोडेको दिन

बिहानले राम्ररी ब्युँझनै पाएन
बच्चाहरूले आमाहरूको लाम्टा चुस्नै पाएनन्
बाँधिएका चौरीहरू
फुकाएर चरन पठाउनै सकिएन
सँधै चपाइरहने एक मुठी छुर्पीले
बक्खुमा बास पाएन
डरलाग्दो रातो आँधीले
मानवीयतामाथि बलात्कार गरेको दिन थियो
मैले आफ्नो भन्ने एक टुक्रा आकाश हराएको दिन

वर्षौंवर्षपछि
म सोच्दै छु
अर्काको धरतीमा
अर्कैको जून तारा हेरेर
अर्कैको राशि नक्षत्र गनेर
मेरो सन्तान
अब मेरो भाषा नबोल्ने भो
मन मुटु आफ्नै भाखामा नबोल्ने भो

म
मान्छे हुँ
जहाँ जन्मेँ त्यो धरतीको टुक्रालाई आफ्नो भन्न नपाएको
म मान्छे हुँ
जहाँ बाँचेको छु
त्यो भूमिलाई पनि आफ्नो भन्न नसकेको

हिमनदीहरूमा
कतै छ कि मेरो माटोको सुवास
विहारका मन्त्रोच्चारणहरूमा
कतै छ कि आफन्त सन्देश
आफ्नो भन्ने एक मुठी माटो पनि छैन
जून तारालाई साक्षी राखेर
कतै जाने बाटो पनि छैन

सम्बोधन

चिम्लिरहनका लागि होइन आँखा
देखिएका असत्‌हरूबाट
अछुतो हुनका लागि होइन मन
मूक भएर बस्नका लागि होइन ओठ

म देखिरहन्छु
म जागिरहन्छु
प्रत्येक मिथ्याका विरुद्ध
मेरो थुतुनो चल्नुपर्छ
प्रत्येक असत्यका खिलाफ
मेरो आँखा बल्नुपर्छ

ओ खुट्टा भएका मान्छेहरू !
म तिमीलाई सम्बोधन गरिरहेछु
प्रत्येक पदचापसँगै यहाँ संसार बदल्नुपर्छ

हामी

हामी आकाश भएर
धरतीमाथि चँदुवाझैँ टाँग्गिन सकेनौँ
न हामी सहिद भएर रूखमा फल्न सक्यौँ
न शत्रु शिविरको अलिकता बारुद भए पनि घटाउन सक्यौँ
हामी लाचार/लाचार बाच्यौँ
जिउनुको अभिनय गरेर
जीवनकै विरुद्ध बाच्यौँ

हाम्रो छातीभित्र
अस्तित्वबोध छैन
मान्छे हुनुको आग्रह पनि छैन
फगत हस्तमैथुनबाट जोगिएर
वा जोगाएर वीर्यको नाममा
मासुको डल्लाभन्दा हामी भिन्न हुन सकेनौँ
नपुंसकको बस्तीमा
पुरुषार्थ सायद आइसल्यान्डको सर्प हो
जो भेटिँदै भेटिँदैन
कथम् भेटिइहाल्यो भने ऊसँग कत्ति पनि विष हुँदैन
आफ्नो लाचारीविरुद्ध उठ्ने कत्ति पनि इख हुँदैन

हामी
आफ्नो घरभित्र शत्रु हुलेर
आफू बाहिर भाग्ने कायर पुरुषहरू हौँ
जसको शब्दकोशमा
साहस र प्रतिरोध गायब छ
जसको नसाबाट रगत गायब छ
हामी आकाश भएर
धरतीमाथि चँदुवाझैँ टाँसिन सकेनौँ
हामी सुन्दर फूल भएर
धरतीभरि झाँगिन सकेनौँ

कन्याङकुरुङ

आकाशमा कन्याङकुरुङहरू देखिएपछि
आमा भन्नुहुन्थ्यो
ती देशदेशावरबाट
मानसरोवरसम्मको यात्राका लागि आएका
यात्रु पक्षीहरू हुन्

ती कन्याङकुरुङहरू देखिएपछि
केही सिकारीहरू आफ्नो भरुवा बन्दुकमा बारुद भर्थे
र निश्चित उडानमा व्यस्त केही कन्याङकुरुङ झार्थे

म देखिरहेछु
धरतीको यो भागबाट
धरतीको अर्को भागमा
जीवनको जोहो गर्न उडिरहेछन्
हाम्रा कन्याङकुरुङहरू
आफ्नै देशका सिकारीहरूबाट पीडित
आफ्नै दुलोका सर्पहरूबाट दंशित

मेरो देशका कन्याङकुरुङको लस्करमाथि
सुनेको छु मैले बाज र चिलको आक्रमण
ती आकाशका कन्याङकुरुङ
यी धरतीका कन्याङकुरुङ

नाङ्गाहरूको देश

म देखिरहेछु
निर्वस्त्र नाङ्गा छन्
मेरा प्रियजनहरू
यो कारुणिक दृश्य देखिनसक्नु छ
र पनि देख्न बाध्य छु
मेरा प्रियजनहरूका
शरीर मात्र नाङ्गा छैनन्
मेरा प्रियजनहरूका
पेटहरू पनि नाङ्गा छन्
र मनहरू पनि

म देखिरहेछु
निर्वस्त्र नाङ्गा छन्
सेवक भनाउँदा मेरा मालिकहरू
म तिनीहरूको पेटभित्र
सिङ्गो देश देखिरहेछु
बालकहरूले आँखा खोल्ने पाठशाला
वृद्धहरू सुस्ताउने चौतारी
गाउँसम्म पुग्ने बाटो
खेतसम्म पुग्ने कुलो
निर्वस्त्र नाङ्गा
मेरा मुलुकका विद्वतजनहरू
निरन्तर झुकिरहेका तिनका शिरहरू
अग्ला कुर्ची चढ्न नपाएका तिनका पीरहरू
निर्वस्त्र छन्
ती पण्डित्याइँका धूर्तताहरूबीच निर्वस्त्र छन्
म नाङ्गाहरू वेष्ठित छु
झन् नाङ्गो छु ।

यसपटकको हिउँदमा

यसपटकको हिउँदमा
चुनाव भयो
जाडो पनि डरलाग्दो थियो
पार्टीहरूका घोषणापत्रहरूको ओच्छ्यान बनाइयो
पोस्टरहरूको सिरक ओडियो
पर्चाहरू बालेर आगो तापियो
साह्रै सजिलोसँग हिउँद कटाइयो ।

दरबारहरू

मनको आगोले
छिनाल्यो भयको दाम्लो
र निस्कियो सडकमा बेपरवाह
निश्चिन्तताका
अग्ला पर्खालहरूभित्र
निमग्न सुतिरहेको
शासकको निद्रा भाग्यो
देख्दादेख्दै
मानिसको आक्रोशको आँधी सहन नसकेर
दरबार ढल्यो
ढल्नु र जल्नु पनि उत्सव भयो

फेरि नयाँ अवतारमा
देखिए नयाँ दरबारहरू
टाढा देखिएका दरबारहरू
ढाल्नु र जलाउनु त कठिन थियो
कति कठिन होला जलाउन
आफैँभित्रबाट जन्मिएका दरबारहरू

म आफैँसँग सोधिरहेछु
के मेरो यो भूमि
दरबारहरू जन्माउन अभिशप्त छ ?

आखेट

युगौँ पुरानो जाडो छ
अँध्यारो छ
कुहिरो छ
तर सबै धनुर्धरहरू
आखेटमा निस्केका छन्
थाहा छैन
तिनीहरू जाडोको सिकार गर्छन् कि गर्दैनन्
तिनीहरू अँध्यारोलाई पासोमा पार्छन् कि
पार्दैनन्
कि प्रत्येक धनुर्धरहरूको सिकार
अर्का धनुर्धर हुने हुन्

थाहा छैन
भ्रमको कुहिरोले
चस्माको सामर्थ्य व्यर्थ साबित भएको बेला
सिकारमा निस्केकाहरू
स्वयम् सिकार बन्छन् कि बन्दैनन्

तिब्बती शरणार्थी भएर

यताबाट जान्थे भन्छन्
नुन खेप्नेका हुलहरू
सुन खेप्नेका हुलहरू
अझै जाँदै छन् मानसरोवर
वैतरणी तर्ने आकाङ्क्षाका हुलहरू
उताबाट आएथे भन्छन्
बोधिवृक्षका पातहरूले
जीवनको निस्सारता धपाएर बसेका
निर्वाण कामनाहरू
निहत्था हुनुकै कारण लखेटिएकाहरू
अकारण आफ्नो भूमि छोड्न बाध्य
पारिएकाहरू

मलाई थाहा छैन
कमजोर हुनु मानव सभ्यताको कुनै संहितामा
अपराध हुनु लेखिएको छ/छैन ?
मान्छे हुनुको नाताले
धरतीको कुनै भू-भागमा बाँच्ने अधिकार हुन्छ/हुँदैन ?

आज म कन्याङ्कुरुङ जति पनि भइनँ
आज म कुनै मृगशावक जति पनि भइनँ
तिम्रो बारीमा रोपिएको लालुपाते जति पनि भइनँ
कहाँ कुन देशबाट आए होलान्
सिमसारको खोजीमा पक्षीहरू
कहाँ कुन देशको उद्यानबाट
कसले ल्याए होलान् लालुपाते र लाहुरे फूलहरू

मेरा बाबु-बाजे लखेटिएर
आफन्तझैँ लाग्ने यो बुद्धभूमिमा आएको पनि एक युग बितिसक्यो
म सुदूर प्रदेशबाट आएका पक्षीहरूझैँ पनि हुन सकिनँ
म सुदूर प्रदेशबाट ल्याइएको लालुपातेझैँ पनि हुन सकिनँ
तिम्रो यो बुद्धभूमिमा म हजारचोटि रोएँ
तर तिम्रो आँखामा आँसु भएर टलपलाउनै सकिनँ

पागलहरू छन् चुपचाप

नदी छ
निरन्तर प्रवाहित
झरना छ
स्वयम्‌सँगको संवादमा मक्ख
आकाश निमग्न छ
वायु छ भिन्न-भिन्न परिवेशमा
मान्छेहरू छन् कोकोहोलोमा
आमाहरू छन् उदास
पागलहरू छन् चुपचाप

स्वार्थको खोजीमा
व्यर्थको प्रलापमा छन् नेताहरू
अहङ्कारको रथमा बसेर
विनम्रताको व्याख्यानमा मस्त छन् महात्माहरू
न्यायको तराजुका दुवै पलडामा
आफैँ विराजमान छन् न्यायमूर्तिहरू
सुरक्षाको व्यापारमा मस्त छन् सुरक्षाकर्मीहरू
जनता छन् चेत हराएर विभाजनको गायनमा दङ्दास
रङ्गमञ्चमा छ हल्ला नेपथ्य छ सुनसान
पागलहरू छन् चुपचाप

रक्सीले मातेर कुण्ठा वमन गर्दै छन् रक्स्याहाहरू
प्रेमिका अर्कैसँग पोइल गएको दुःखमा
पीडा गीत गुनगुनाउँदै छन् प्रेमीहरू
टोपी थापेर सत्तासँग पुरस्कार याचना गर्दै छन् कविहरू
तस्करसँग मधुमय साँझ बिताउँदै छन् पत्रकारहरू
झर्ला खाउँला भन्ने मुद्रामा सोचमग्न छन् विद्वानहरू
आमाको अनुहार छ उदास
पागलहरू छन् चुपचाप

अग्नि प्रसङ्ग

१. डढ्ने मन भए आगोसँग खेल्नू
    अन्यथा अग्नि प्रणम्य हुन्छ पूजा गर्नू

    आगोलाई माया गर
    उज्यालो दिन्छ
    आगोलाई आफन्त बनाऊ
    न्यानो हुन्छ
    आगोसँग नतमस्तक बन
    चुल्हो बल्छ

    आगो हामीसँग पनि छ
    हाम्रो हृदयभित्र न्यानो दिने आगो छ
    हाम्रो हृदयभित्र दावानल सल्काउने आगो पनि छ
    तिमी त्यही आगोसँग खेलिरहेका छौ

    डढ्ने मन भए आगोसँग खेल्नू
    अन्यथा अग्नि प्रणम्य हुन्छ पूजा गर्नू

२. दुनियाँको मनमा डढेलो सल्काएर
आगोको भयबाट मुक्त छु भन्ने मूर्खता
तिमीलाई कसले सिकायो ?

धरतीमा आगो लगाइरहनेमाथि
आकाशले पिरतीपूर्वक पानी बर्साइरहन्छ
भन्ने विश्वास तिमीलाई कसले दिलायो ?
ओ अहङ्कारको रथमा आरूढ महाराज !
हृदयमा बास बस्न नसक्नेले मनमा
राज गर्न सक्छन् भनेर
तिमीलाई कसले पाठ पढायो ?

म मात्र प्रश्न गरिरहेछु
तिम्रो जवाफमा निर्भर छ
तिम्रो यात्रा
म त्यसलाई पर्खिरहेछु

३. तिमीले मायाले मेरो हात समात्यौ
र सुमसुम्यायौ
पिरतीको प्रीतिकर आगो बल्यो

तिमीले हृदयका शब्दहरूले
मेरो कान झङ्कृत पार्यौ
हृदय उज्यालो बन्यो

मान्छेहरूभित्र
मान्छेलाई सेक्ने मधुरो आगो छ
मान्छेहरूभित्र

मान्छेहरूलाई रोक्न खोज्ने पर्खाल
ध्वस्त बनाउने विध्वंसक आगो पनि छ

मलाई थाहा छैन
तिमी कुन आगो रोज्छौ
मायाको मधुरो आगो
कि विनाशको विध्वंसक आगो ?

चुपचाप निदाउन सकिँदैन यति बेला

लोरी गाऊ वा कोमल स्पर्शले सुमसुम्याऊ
चुपचाप निदाउन सकिँदैन यति बेला

सुदूर कतैबाट अमङ्गल ध्वनिझैँ खोला सुसाएको छ
आकाशमा मेघ गर्जेको छ
आशङ्काले मान्छेलाई गाँजेको छ
विश्वासका गोठहरू रित्तिँदै गएका छन्
भरोसाका भरहरू भाँच्चिएका छन्
चुपचाप कसरी निदाउन सकिन्छ यति बेला

विचारको मखुन्डोभित्र जब लुक्छ कुरूप मुहार
क्रान्तिको नाममा जब सल्कन्छ डढेलो
विश्वासको वृक्षमा जब फल्छन् त्रासदीका फलहरू
आग्रहका उत्तेजनाहरूमा खै कसरी बाल्न सकिन्छ धपक्क उज्यालो ?
स्वार्थको पानीमा चेतनाको दीप निभेको बेला
खै कसरी गाउन सकिन्छ सद्भावका गीतहरू ?

आँखाबाट निद भागेको बेला टाढै बस्छन् सपनाहरू
कण्ठसम्म आएको वाणी फर्कन्छ फेरि हृदयकै दुलाहरूमा

म आफैँ छामिरहेछु आफैँभित्र
र नभेटेर आफैँलाई
निरुपाय छु/उदास छु

यस्तो बेला कसरी चुपचाप निदाउन सकिन्छ
यस्तो बेला कसरी दङ्दास बस्न सकिन्छ ?

धर्सैंधर्साको चक्रव्यूह १६१